중독되는 아이들

속마음
시리즈
—— 03

대한소아청소년정신의학회 기획

송지혜 · 박소영 · 김은주 · 박성열 · 김희연 · 홍지선 · 박민현 · 이태엽 지음

중독되는 아이들

글항아리

디지털 시대, 아이들과 함께 길 찾기

스마트폰과 태블릿, 노트북이 우리 삶에 스며든 지 오래다. 당연히 아이들도 디지털 기기에 많은 시간을 쏟아붓고 있다. 스마트폰 화면을 내리며 유튜브 영상을 고르고, 숏폼 영상 속 댄스를 따라 하고, 밤늦게까지 SNS 친구들과 메시지를 주고받는 아이들의 모습에 부모님들은 불안과 혼란을 느끼곤 한다. 특히 2024년 '옥스퍼드 올해의 단어' 1위를 차지한 '뇌 썩음brain rot'(질 낮은 온라인 콘텐츠를 과도하게 이용한 탓에 집중력 등의 인지 능력이 감퇴하는 현상)이라는 단어를 들으면 공포심까지 들 지경이다.

'그냥 놔두어도 정말 괜찮은 걸까?'

'우리 아이가 스마트폰 중독인 건 아닐까?'

'화면을 보는 시간이 너무 긴데, 어떻게 줄여야 할까?'

'스마트폰을 빼앗아야 하나, 말아야 하나?'

이런 고민은 오늘날 많은 부모님이 다 같이 맞닥뜨린 현실이다. 디지털 미디어는 아이들의 일상과 발달 과정에 깊이 침투해 있으며 때론 부모의 양육 방식을 변화시키기도 한다. 문제는 미디어가 아이에게 어떤 영향을 주는지, 부모가 어디서부터 어떻게 대응해야 하는지에 대한 명확한 정보나 기준을 찾기 어렵다는 점이다.

이 책은 바로 그 막막함 속에서 시작됐다. 대한소아청소년정신의학회 소속 전문의들이 진료실에서 직접 마주한 사례들과 뇌과학적 근거를 바탕으로 미디어 문제를 살폈다. 디지털 미디어와 아이의 관계에 대한 부모님들의 이해를 돕고 실질적으로 보탬이 되는 정보들을 제공하고자 기획하고 집필한 것이다.

책은 아이의 발달 단계를 중심으로 구성됐다. 영유아기를 다루면서는 미디어가 아이들의 뇌 발달과 언어, 정서, 사회성에 어떤 영향을 주는지, 스마트폰이 아이-부모 상호작용을 어떻게 바꿔놓는지를 살펴보았다. 학령기에서는 디지털 콘텐츠의 자극 및 몰입 문제를 중심으로 그것이 주의력과 학습, 또래관계에 어떤 영향을 미치는지에 주목했다. 청소년기에서는 미디어를 통한 정체감 형성부터 외모 비교, 사이버 따돌림, 수면과 감정 조절 문제까지 아이들의 심리와 정신 건강에 나타나는 영향을 복합적으로 설명했다.

몇몇 중요한 주제는 따로 장을 마련하여 더 자세히 해설했다. '게임 중독'을 논하면서는 중독 개념에 대한 오해를 짚고, 병리적 사용과 건강한 몰입을 어떻게 구별할 수 있으며 치료는 어떤 식으로 이루어지는지 정리했다. 또한 디지털 성범죄, 사이버 괴롭힘, 무분별한 정보 노출 등 디지털 공간에서 발생할 수 있는 위협과 그로 인한 상처에 대해서도 사례를 들어 서술했다. 마지막 장에선 미디어 사용 가이드라인을 구체적으로 제시하였다. 무엇을, 언제, 얼마나, 어떻게 사용할지에 대한 기준과 더불어 가정 내 미디어 문화를 건강하게 형성하는 데 도움이 되는 실질적인 방법들을 담았다.

무엇보다 이 책은 미디어를 단순히 '끊어야 할 것' '멀리하도록 해야 할 것'으로 보지 않으려 했다. 현대사회에서 디지털 미디어는 아이들의 삶을 구성하는 중요한 환경이다. 부모님의 역할 또한 미디어를 무조건적으로 차단하는 것이 아니라, 아이가 그것을 어떻게 사용하고 있고 거기에 어떤 의미를 부여하고 있는지를 이해하는 데서 시작된다.

아이를 키우는 건 언제나 어려운 일이다. 더욱이 변화가 과거를 빠른 속도로 지우고 나아가는 디지털 시대라면, 부모의 경험과 지식만으로 아이를 안내하는 데는 한계가 있다. 그러나 방법이 없는 것은 아니다. 아이를 사랑하는 마음 위에 과학적 근거와 전문가의 조언을 포갠다면 더 이상 막막하지 않을 수 있다. 이 책이 든든한 나침반이 되어주었으면 한다. 아이들은 디지털 세상에서 현명하게 살아갈 방법을, 부모님들은 좀더 여유롭게 아이들을 이해하고 도울 지혜를 얻어갈 수 있을 것이다. 바쁘신 와중에도 귀중한 경험과 지식을 나누어주신 선생님들께 깊은 감사를 드린다.

2025년 4월
대한소아청소년정신의학회 기획이사 김은주

차 례

1장

미디어와 함께하는
슬기로운 육아생활

송지혜

전자기기 사용에 관한 이야기는 정말 피하고 싶었다

아이들의 전자기기 사용에 관한 책을 쓰자는 제안에 이번만큼은 기필코 저자 목록에서 빠져야 한다는 사명감마저 들었다. 진료실에서 스마트폰 사용과 게임 시간에 대해 아이들과 대화하면 내가 성역을 침범하는 무뢰배가 된 기분이 들었고 보호자들과는 짙은 패배감을 공유할 때가 많았다. '교과서적'으로는 스크린 시간이 적으면 적을수록 좋다지만 서른이 넘어 처음 스마트폰을 만난 나와 태어나면서부터 스마트폰으로 뽀로로를 보기 시작한 우리 아이들 사이에는 애니악과 애플만큼의 간극이 존재하지 않을까. 아무리 엄마가 막아 보려 한들 학교와 학원 친구, 심지어 지나가는 애들 모두 스마트폰으로 게임을 하고 유튜브를 보는데 어떻게 그걸 참고 살 수 있겠는가.

나조차 집에서 스마트폰을 손에서 놓지 않고 있다. 한번은 침대에 딱 붙어 있는 내게 막내가 스마트폰을 쥐여주며 "엄마 일어나서 놀아" 하는 것이었다. 변명처럼 들리겠지만 나는 스마트폰으로 영상을 보거나 SNS를 하지는 않는다. 주로 전자책을 읽고 쇼핑을 하지만 어쨌든 아이들과 시간을 보내거나 업무 할 때를 제외하고는 늘 스마트폰을 들고 있고 남편 역시 컴퓨터와 일심동체가 된 상태다. 그러니 아이들은 틈만 나면 스마트폰을 하지 말라며 잔소리하는 나를 "너나 잘하세요" 하는 눈빛으로 쏘아본다. 배우 이영애님의 육성이 들리는 것 같다. 이러니 내가 무슨 낯으로 스크린 타임과 관련된 글을 쓴단 말인가. 게다가 만천하에 밝히기가 아주 조금, 그러니까 오분도미에 남아 있는 쌀눈만큼 부끄럽지만, 나는 웹소설 광이다. 언젠가는 내가 꼭 인기 폭발하는 소설을 쓰리라 다짐하는 진정한 독자이기에 스마트폰을 손에서 놓기가 어렵다.

이 글에서 뭔가 조언을 얻길 바라는 분이라면 딱 여기까지만 읽고 다음 장으로 넘어가시길 권한다. 내게서 학문적이거나 교훈적인 것을 전혀 바라지 않는다는 공저자들의 달램이 없었다면 지금 머리를 긁적이며 모니터를 뚫어지게 보고 있진 않을 것이다. 진료실의 전문의가 아니라 십대 자녀들을 키우는 엄마의 이야기를 써도 된다고 용기를 주어서, 부끄럽지만 여러분과 같은 고민을 나누고 싶다. 이 장은 나의 실패기이자 처절한 투쟁기이고 내 아이들과 나의 협상 기록이다. 소아정신건강의학과 전문의 엄마도 어쩌지 못하는 스크린 사용 시간 제한 수기를 읽고 공감과 지지를 해주실 분들을 환영한다. 굳이 쓰임새를 따지자면 다음 장들에서 펼쳐질 아이들의 시행착오와 성장에 대한 주옥같은 본편을 즐기기 위한 맛보기로 여겨주시길 바란다.

시작은 텔레비전이었다

유아기에는 스마트폰보다 텔레비전이 문제였다. 육아는 처음이라 아이의 한 걸음 한 걸음이 다 걱정거리였고 뭘 해도 내가 잘하고 있나 의심이 들었기에 완전히 지쳐 있었다. 의사라고 다를 건 하나도 없었다. 나는 아이의 정상 발달과 발달 지연을 구분할 능력은 있어도 백일 된 아이가 몇 시간을 자는 게 정상인지, 다른 애들은 100밀리리터씩 먹는 우유를 우리 애만 70밀리리터를 먹는 게 소아과 상담을 받아야 하는 일인지 늘 고민되었다. 오히려 지금 사춘기 아이는 나를 쳐다도 보지 않지만 내 눈에서는 꿀이 뚝뚝 흐르는데, 그때만 해도 나만 바라보는 아이가 버거워서 누가 자유 시간 5분만 주면 그 사람이 바로 구세주였다. 아이러니하게도 그 은혜 가득한 분은 바로 텔레비전이었다. 텔레비전은 내게 쇼파에 누워 천장만 바라볼 시간도 주고 아이 몰래 화장실에 갈 틈도 마련해주고 밀린 일을 처리하도록 아이를 돌봐주었다. 심지어 매우 싫어하는 브로콜리와 토마토도 화면에 눈을 고정한 채 넙죽넙죽 받아먹게 해줬고 호비는 화장실 훈련을 한 번에 끝내주는 일타 강사였다.

돌이켜보면 아이보다 내가 텔레비전을 더 사랑했던 것도 같다. 물론 텔레비전이 발달에 바람직하지 않다는 것은 알고 있었지만, 우리 모두 운동과 식이요법이 다이어트의 진리라는 것을 알아도 성공하지 못하는 것과 같은 이치였다. 정상 발달을 하는 아이이고 엄마 아빠가 충분히 놀아주고 있으니 텔레비전 조금 본다고 해서 무슨 큰일이 나겠는가 하는 나름의 합리화도 있었다. 무엇보다 내가 전문가 아닌가. 아이는 뽀로로를 사랑했고 선물공룡 디보를 초대하고 싶어했으며 가스파르와 친구가 되길 원했다. 그렇다고 텔레비전에 중독되어 보여주지 않으면 드러눕는다든가 하지는 않았다. 다만 눈을 깜박이기 시작했을 뿐이다. 한쪽 눈을 윙크하듯 계속 찡긋대며 텔레비전을 응시하던 아이의 모습은 지금도 잊히질 않는다. 왜 엄마들이 진료실에서 죄책감에 관해 말하는지 깨닫는 순간이었다. 살다보면 힘들어서 텔레비전 좀 많이 틀어줄 수도 있지 그것 때문에 틱이 생기거나 하진 않으니 자책 마시라던 내 위로는 나 자신에게도 와닿지 않았다. 나의 전문성은 틱에 대한 원인, 유병률, 예후, 동반 질환에 대해 읊고 있었지만 나의 가슴은 텔레비전 앞에 아이를 앉혀놓았던 스스로를 원망했고, 나의 눈은 아이가 몇 번 눈을 깜박이는지 세고 있었다. 이런 경우에 대비해 아이뿐만 아니라 부모를 위해서라도 텔레비전은 조금만 보게 해야겠구나라는 깊은 가르침을 얻었다.

대부분의 아이는 이 시기에 텔레비전을 많이 봐도 별일이 일어나지 않는다. 오랜 기억 속의 나와 동생들은 5시인가 5시 반에 애국가가 시작될 때부터 9시에 아이들은 잠자리에 들어야 한다는 공익 광고가 나오고도 한참 뒤까지 텔레비전을 봤지만 탈 없이 무사히 성장했다. 그 시절에는 대다수의 어린이가 하루 3~4시간은 텔레비전을 보지 않았을까 싶다. 멸치 머리 크기 법칙이 여기서도 작용한다. 아이가 정상적으로 태어나면 엄마들은 임신 기간에 뭘 먹었는지 잘 기억하지 못하지만, 아이에게 조금이라도 어려움이 생기면 그 기간에 먹은 멸치 머리 크기까지 떠올라 내가 뭘 잘못해서 아이에게 이런 일이 일어났을까 하고 자책하는 엄마의 무한 책임감 말이다. 멸치를 먹어서 중금속이 태반을 통해 아이에게 흘러가 체내에 쌓여 문제가 일어날 확률보다는 우리가 알 수 없는 어떤 힘이 작용해 어려움이 발생하는 경우가 훨씬 많다. 단일 요인도 아니고 다양한 원인이 상호 작용해서 하나의 결과로 귀착된다.

한쪽 눈을 깜박이는 틱도 무수한 선행 사건의 총체일 것이다. 명민한 나의 두뇌는 그렇게 생각하지만, 엄마인 나의 마음은 알록달록한 애니메이션을 아이에게 허락한 자신을 비난하고 있었다. 반짝이는 눈빛으로 애원해도 흔들리지 말아야 했는데, 나를 갈아넣어서라도 아이와 놀아줘야 했는데 하는 후회 속에서 빠져나오기가 어려웠다.

텔레비전 시청 시간을 줄이고 몸으로 노는 시간을 늘리자 다행히 틱은 없어졌다. 이것에 인과관계가 있었는지는 정확히 알 수 없다.

미디어와 함께하는 슬기로운 육아 생활

내 아이는 텔레비전을 볼 때만 틱을 했고 특히 현란한 장면에서 깜박이는 횟수가 늘었던 것을 보면 화면의 프레임이 바뀌는 것이 뇌를 자극했던 듯하지만 다른 아이들에게는 또 다른 요인이 있을 테니 틱과 텔레비전 시청 사이에 너무 큰 연관성을 부여하지는 말자.

내가 하고 싶은 말은 텔레비전 시청 시간을 줄이는 일이 아이보다 나에게 더 힘들었다는 것이다. 쥐똥만큼이나마 다른 일을 할 수 있는 여유 시간이 그대로 날아가버렸다. 아직 스마트폰의 맛을 모르는 아이는 텔레비전이 말 그대로 가구가 된 후에 놀아달라고 끊임없이 보챘다. 장난감을 혼자 가지고 노는 시간은 10분을 넘기지 않았고 깨어 있는 내내 사람을 필요로 했다. 텔레비전을 끈 것이 틱을 좋아지게 한 게 아니라 아이의 애정 욕구를 충족해준 것이 뇌에 양분이 돼주었을 것이다. 우리의 정신 건강에는 별로 좋지 못했지만, 아이야! 네 틱이 없어진 것만으로도 엄마 아빠는 행복하단다, 뭐 그런 날들이었다.

진료실에서도 나와 같은 부모를 많이 만난다. 어느 날 갑자기 세 살 아이가 눈을 깜박이고 입을 벌려서 급히 방문하는 분들도 있고 언어 발달이 느리거나 눈맞춤이 안 되어서 고심하다가 병원을 찾는 분들도 있다. 이때 많은 부모님이 조심스레 스크린 타임을 원인으로 여기며 후회하시곤 한다. 실제로 텔레비전과 스마트폰을 보는 시간을 줄이면 언어 발달이 폭발적으로 이뤄지기도 하고 사회성이 좋아지며 틱이 호전되기도 한다. 다만 여기서 조심할 것은 텔레비전, 스마트폰 등의 사용 시간이 틱의 근본 원인은 아니라는 점이다.

안타깝게도 부모님들은 육아만 하지 않는다. 집안일과 직장생활도 하며 현실이 요구하는 잡다한 일들을 처리해야 한다. 현대 사회는 너무 경쟁적이어서 가만있으면 뒤처지는 느낌이 든다. 아무리 열심히 해도 주변에는 나보다 잘하는 사람이 널려 있고 인스타그램에서는 다들 현명하고 건강하며 부유하게 살고 있어 질투가 나고 어떤 때는 분노마저 살짝 올라온다. 하루의 절댓값은 24시간이고 그 안에 모든 것을 해나가려면 아이와 직접 눈 맞추고 살 비빌 틈이 별로 없다. 세상과 나는 바쁘고 복잡해지며 AI가 점점 많은 부분을 담당하게 되는데 다행인지 불행인지 한 명의 인간을 키워내는 육아는 무조건 아날로그다. 품에 안고 물고 빨고 예뻐해야 그나마 중간은 가는, 엄청나게 노동집약적이며 대체재가 없는 과정이다. 특히 아이의 성격형성의 틀이 잡히는 만 5세까지는 부모의 역할을 그 무엇도 대신할 수 없다. 그 결정적인 시기에는 애착 대상과의 상호작용이 가장 중요하다. 애정 가득한 눈빛으로 행동 하나하나에 반응하고 이야기를 걸어주는 사람과 많은 시간을 함께한 아이와 번쩍거리는 화면과 시간을 보낸 아이는 다를 수밖에 없지 않을까.

텔레비전을 보는 것이 틱, 발달 지연, 언어 지연, 사회성 지연의 단일 원인이 되진 않겠지만, 그 시간에 아이가 전자기기와 함께 고립되어 있는 것은 자명한 사실이다. 앞서 언급했지만 대부분의 아이는 텔레비전 좀 많이 본다고 해서 큰 어려움이 생기진 않는다. 다만 정상 발달의 경계에 있는 아이나 요구하는 애정의 크기가 큰 아이들, 불안이 높은 아이들은 다른 아이들보다 긴 시간의 보살핌과 애착 형성이 필요하다. 딱 그 시기에 이뤄지지 않으면 안 될 발달을 위한 시의적절한 자양분을 공급하려면 스크린이 시간을 빼앗지 않도록 해야만 한다.

텔레비전의 도움 없이 도무지 육아를 할 여력이 없다면 부모님이 같이 보시기를 권한다. 애니메이션의 노래와 율동을 같이 하고 주인공의 말투로 상황극을 하는 것은 놀이가 낯설고 에너지가 없는 부모님들을 도와줄 것이다. 감히 청컨대 엄마 아빠가 화장실 가는 시간과 씻는 시간을 제외하고는 아이를 스크린 앞에 혼자 앉혀두지 않기를 바란다. 특히 아이에게 전자기기를 보여주면서 밥 먹이는 것은 조심해야 한다. 밥 한번 먹이려면 진이 빠지니 나 역시 이 점은 이해하지만, 나중에 후회하면서 이 버릇을 없애는 것은 몇 배나 더 힘들다. 아이들은 금방 큰다. 금방 커서 좋아진다는 뜻이 아니라, 크면서 인지가 발달하고 자기 손에 있는 것들을 놓지 않으려는 주장도 세진다. 밥 먹으면서 텔레비전 보는 것이 당연했는데 어느 순간 이제부터 가족과의 식사에 집중해야 한다니 이게 무슨 부모의 폭거인가. 혼자서 즐겁게 스마트폰을 보면서 밥 먹고 싶은데 엄마 아빠의 잔소리와 집요한 질문 공세에 시달려야 한다니 말도 안 된다.

부모님의 후회와 훗날의 육아 난도 상승을 막기 위해 유아기부터 스크린 타임을 조절해보자는 말을 아주 길게 해봤다. 그래도 이때는 아이들이 말도 잘 듣고 귀엽고 유순하다. 지금은 해볼 만하니 어서 시도해보시길 바란다.

아이들은 자라고 나는 전자기기들을 제한하기 시작했다

아이는 미운 일곱 살을 지나면서 여러모로 '사람'으로 성장한다. 누워서 울기만 하고 용변 뒤처리도 못 하지만 무조건적인 귀여움으로 부모를 무장 해제하던 생명체는 더 이상 없다. 어느 날 정신 차려 보면 또박또박 말 잘하고 논리정연한 주장을 펼치는 작은 사람에게 휘둘리고 있다. 이제 텔레비전이 고장 났다는 말도 통하지 않고 리모컨을 숨기기도 어렵다. 아이들도 유치원과 학교에서 사회생활을 시작하므로 무조건 보여주지 않는 것도 통하지 않는다. 텔레비전, 스마트폰, 컴퓨터, 패드, 전자책…… 집에 왜 이렇게 전자기기가 많은 것인가? 다 나 때문이다. TV 프로그램은 보지 않지만 영화를 보려고 대형 텔레비전을 샀고 스마트폰과 전자책 없는 삶은 상상도 하기 싫다. 심지어 나는 전자기기 자체를 좋아한다. 매혹적인 직사각형의 자태만 봐도 황홀하다. 남편 역시 마찬가지라 아이들도 자연스럽게 여러 기기에 익숙한 상태였다. 물론 사용 시간을 기기당 하루 한 시간 내로 제한했지만, 기기가 여러 개이니 총시간이 길어졌다. 아이들이 전자기기 하는 동안 옆에 딱 붙어 감시할 수도 없으니 뭘 하는지도 몰랐다.

학교에 들어가면서 아이들의 세상은 넓어졌고 더 독립적으로 변했다. 또래 사이에서 내가 모르는 관계들이 생겨나고 그들만의 문화가 형성됐으며, 아무것도 모르면 친구들과 소통하는 데 어려움이 생길 거라는 합리적인 이유로 허용해준 TV 시청과 스마트폰 사용 시간은 갈수록 길어졌다. 어디서 보고 왔는지 모를 '세상에 이런 일이' 유형의 이야기를 즐겁게 읊어대고 황당한 노래를 부르는데 아무리 입을 닫으려 해도 스멀스멀 짜증이 올라왔다. 저런 쓸모없는 콘텐츠를 볼 시간에 책을 읽는다면 얼마나 좋을까. 웹소설이나 차라리 만화책이라도 읽지. 무엇보다 나는 아이들이 시간을 낭비하는 사치를 누리길 원했다. 지나치게 바쁘고 즐겁고 재미있는 시간을 보내는 것보다 느린 흐름 속의 지루함을 즐길 줄 아는 아이가 되기를 바랐다. 인생은 지루하다. 결코 반짝이거나 자극적이거나 흥미롭지 않다. 하루하루는 비슷하게 흘러가고, 싫은 것들을 참고 완주해야 하며, 별 의미도 없는 시간을 그저 '살아내야' 한다. 누군가는 화려하고 멋진 삶을 살지만 그건 남의 이야기가 될 확률이 크다.

대다수의 우리는 해야만 하는 일들을 꾸역꾸역 해결하며 모자란 시간에 허덕인다. 그런 때가 오기 전에 내 아이가 흘러넘치는 시간을 제멋대로 쓰면서 보내길 원했다. 느껴보신 적이 있는지 모르겠다. 어렸을 때는 시간이 너무 느리게 흘러갔다. 아침에 일어난 후 한참이 지나서 이제는 해가 져야 할 시간인데 시계는 아직 오후 4시를 가리켰다. 나이가 들수록 시간의 흐름이 빨라지더니 쉰 살에 가까운 지금은 새해 첫날에서 정신 차려보면 여름휴가가 끝나 있다. 나는 초등학교에 다니던 딸들을 학원에 보내거나 학업을 위한 사교육을 시키지 않았다. 학교에 다녀오고 남은 시간을 흥청망청 흘려보내는 것이 아이들에게 줄 수 있는 최고의 선물이라고 생각했다. 대신에 자극적인 스마트 세상에서 보내는 시간은 하루 한 시간이면 충분하다고 판단했다. 나이에 맞는 프로그램만 볼 것, 절대 댓글을 달거나 개인 정보 드러내는 활동을 하지 말 것을 조건으로 내걸며 다른 사항들은 자유롭게 선택하도록 했다. 아마 독자들은, 특히 어린 독자가 이 글을 읽는다면, 내가 지나치게 엄격하다고 생각할 수도 있다. 그렇지만 나도 유튜브 채널까지 통제하지는 않으려고 어금니 꽉 깨물며 버텨야 했다.

유아기부터 자연스럽게 스크린 타임을 제한했던 터라 아이들은 처음에 내게 반기를 들 생각을 하지 못했다. 가끔 친구는 하루에 게임을 몇 시간 하고 스마트폰을 들고 다닌다며 불평했지만 그럴 때면 그 친구 학원에 같이 보내버리겠다는 협박으로 응수했다. 다행인지 불행인지 아이들은 스마트폰을 얻고 학원에 다니는 삶보다는 집에서 뒹굴면서 스마트폰이 없는 쪽을 선호했다. 물론 컴퓨터나 패드도 사용할 수 없다. 코딩이 기본 소양이고 고학년부터는 PPT로 과제를 해야 하는 이 시대에 이런 아날로그 교육을 하고 있자니 불안하긴 했지만, AI가 빠르게 발전하고 있으니 아이들이 성인이 될 때 나올 AI를 배우면 되겠지라는 무책임한 낙관론으로 불안을 다스렸다. 그렇다고 아이들이 집에서 책을 읽거나 생산적인 활동을 한 것은 아니다. 엄마의 바람대로 시간을 철저히 낭비하면서 지내줬다. 소망이 이루어지는데도 씁쓸한 이 기분은 뭘까.

모든 채널마다 밀고 당김이 생기더라

초등학교 저학년 때부터 십대가 된 지금까지 잊을 만하면 아이들이 협상을 시도하는 것은 유튜브 개설이다. 처음에는 취향에 맞는 유튜버들을 팔로우하면서 시청만 하더니 이제는 소비자를 넘어 크리에이터가 되길 원했다. 슬금슬금 친구들의 채널에 가서 댓글을 달고 그 채널에 출연하더니 급기야 자기 채널을 개설하고 싶다는 의지를 내비쳤다. 차원을 넘나드는 첫째의 언행을 보면 대성할 유튜버의 앞길을 내가 막고 있는 것은 아닌가 하는 허황된 고민이 없진 않았다. 그러나 단칼에 안 된다고 못을 박았다. 이렇게 독단적이고 강압적인 엄마라니, 이래도 되나 싶은 직업적인 반성도 있었다. 하지만 현실 육아와 일은 다르고 어떤 날에는 나도 오은영 선생님을 만나 상담받고 싶은 심정이니까 이해해주시길 바란다. 채널을 개설하고 싶다는 아이의 욕망은 의외로 끈질겼다. 가면을 쓰고 찍겠다, 손만 나오게 하겠다, 목소리만 나오도록 하겠다, 그림 그리는 화면만 나오게 하겠다 등등 애절하게 읍소했지만 나는 강경했다. 때로 마음이 약해져서 책 읽어주는 초등학생 콘셉트를 제안했을 때는 강하게 흔들렸는데, 책 읽길 바라는 내 욕망을 영악한 둘째가 이용했다는 것을 깨닫자마자 중심을 잡았다.

내가 보는 딸들은 아직 악플을 웃어넘길 만큼 대담하지 못했고, 낮은 조회수를 신경 쓰지 않을 만큼 성숙하지 않았다. 무엇보다 세상에 대해 아는 것이 없고 사람 무서운 것을 모르는 꼬맹이들이다. 물론 언제나 아이들은 내가 생각하는 것보다 더 현명하고 어른스럽다는 것을 알지만 아직은 호밀밭의 파수꾼이 필요하다고 생각했다. 그리고 그 파수꾼은 걱정이 많고 좀 강박적이며 단호하기로 마음먹었다. 딸들은 아빠에게도 도움을 구해봤지만 더 무시무시한 사건 사고를 들어가며 안 된다고 설득하는 모습에 질려하기도 했다. 아이들은 안 된다고 해도 자신의 뜻을 이루기 위해 대상을 바꿔가며 공략한다. 엄마가 '안 돼' 하면 아빠에게 달려간다. 이럴 때 부모의 의견이 달라서는 안 된다. 평소에 자녀 교육에 대한 합의점을 찾아놓는 것이 좋다. 결국 유튜버로 데뷔하는 일은 요원해졌지만 아이들은 지금도 호시탐탐 때를 노리고 있는 것 같다.

초등학생이 되어 똑똑해진 아이들은 엄마 아빠가 외출할 때 텔레비전을 봐도 부모님이 어쩌지 못한다는 사실을 금방 깨달았다. 요즘 텔레비전은 인터넷과 연결되어 있고 넷플릭스가 나오며 유튜브도 볼 수 있다. 스마트기기만 제한한다고 해서 능사가 아니었던 것이다! 어렸을 때와 달리 초등학교 고학년이 되니 아이들만 두고 한두 시간 집을 비우는 일이 생겼다. 설마 착한 우리 애들이 그사이에 마음대로 텔레비전을 볼까라는 의심을 '나'는 하지 못했다. 어느 날 외출하고 돌아온 남편이 텔레비전에 손을 올려 온도를 확인하는 것이 아닌가. 나는 영문을 몰라 어리둥절한 표정으로 보고만 있었다. 분명히 현관문 열고 들어올 때 방에서 얌전히 만화책을 읽고 있었는데, 후다닥 하는 소리 따위는 없었는데 왜 그러지? 놀랍게도 텔레비전은 뜨끈했고 그걸 보는 아이들은 무척이나 난감한 얼굴빛이었다. 알고 보니 차가 주차장에 들어왔다는 알림이 뜨면 텔레비전을 *끄고* 방에 들어가 모른 척하고 있었던 것이다. 어쩔 수 없이 잔소리를 했지만, 속으로는 의기양양하게 설명하는 애 아빠가 야속하기도 했다. 이 정도는 넘어가줘도 괜찮을 것 같은데……. 유튜브 채널을 개설하는 것은 안 되지만 몰래 텔레비전을 더 보는 것은 긴장감 넘치는 일탈로 남겨졌으면 싶었다(아이들이 내 잔소리가 성의 없었다는 걸 알아차렸길 바란다).

게임기 사용 시간도 문제였다. 사실 전자기기마다 갈등의 원인이 된다. 더 웃긴 건 게임기를 산 이유가 아이들이 스마트폰으로 게임하는 걸 내가 원치 않아서라는 것이다. 사채 쓰기 싫다고 카드론 쓰는 꼴이나 다름없다. 보드게임이라는 제1금융권 이용이 있으나 안타깝게 그건 나도 동참해야 하니 할 수 없다. 제발 나에게도 자유 시간이라는 것을 보장해줬으면 좋겠다. 실은 아이들이 게임하는 시간 동안 누릴 수 있는 고요함을 포기하기가 너무 어려웠다. 30년 넘게 개인적이고 성취 지향적으로 살던 내가 타인을 위해 무조건적으로 시간과 노력을 들이기란 거의 불가능한 일이다. 모성애는 임신, 출산과 동시에 장착되는 아이템도 아니고, 돈으로 살 수 있는 것도 아니었다. '나'라는 존재를 갈고닦아서 그동안 배워온 모든 윤리와 도덕을 동원하고 여태껏 누구에게도 베풀지 않았던 인내와 너그러움을 담아낸 후 내 깊은 곳에서 죄책감을 생산해내는 초자아까지 모셔와야

비로소 그게 모성애 되시겠다.

　나는 아이들을 엄청나게 사랑하지만, 실제로 행동하는 엄마의 삶은 좀 많이 다르다. 내가 결정해서 낳아놓고 이런 말을 하자니 부끄럽지만 나 역시 사람이지 않겠는가. 쓰다보니 부끄러워서 지웠다 썼다를 반복하고 있다. 감히 독자분들이 이런 나를 이해해주시리라 믿는다. 직업인으로서의 나와 현실 엄마로서 나의 괴리를 너그럽게 받아들여주시기를 바란다. 어쨌든 작은 스마트폰 화면으로 게임을 하는 것도 싫고, 불특정 다수와 게임상에서 만나 이야기하는 것도 싫어서 차악으로 게임기를 선택했다. 그래도 아이패드와 스마트폰에 머리 박고 거북목 증상을 보이며 하는 것보다는 고개를 꼿꼿이 들고 조이 스틱을 조작하는 것이 보기에 나았다. 아이들 아빠가 추억의 게임들을 아이들과 같이 하는 모습도 좋았다. 이 흐뭇함이 오래갈 리는 없었다. 하나에 빠지면 끝장을 보는 부모를 닮은 아이들이 시도 때도 없이 게임기를 켜달라고 졸라서 게임기는 계륵이 되었다. 그 사이 아이들은 성장했고 더 이상 스마트폰 게임을 막을 수 없어 결국 우리 집의 게임 규칙은 어떤 게임이든 주말 한 시간씩으로 정해졌다. 그리고 게임기는 당근에 올라갈 날만 기다리는 신세가 되었다. 아, 규칙을 어떻게 정했는지 궁금해하실 것 같다. 당연히 엄마, 아빠 마음대로 정해졌다. 맞다. 나는 독재자다.

미디어와 함께하는 슬기로운 육아생활

드디어 스마트폰이다

우리 집 아이들은 초등학교 5학년 때까지 엄마 아빠의 스마트폰이나 패드를 사용했고 본인 소유의 기기는 없었다. 학원을 다니지 않아서 학교 끝나면 바로 집으로 돌아오니 스마트폰의 필요성도 느끼지 못했다. 의외의 복병은 학교 수업으로, 이때 스마트기기를 사용하기 시작한 것이다. 빌려 쓰는 데도 한계가 있고 학교에 항의하는 학부모가 되고 싶진 않아서 고학년이 된 아이에게 스마트폰을 사줘야만 했다. 아이는 벌써 기대가 엄청났고 나는 고심하기 시작했다. 스마트폰을 들려주는 순간부터 저 물건은 아이와 나 사이에 얼마나 많은 불화를 유발할 것인가. 이건 해가 동쪽에서 뜨는 것만큼이나 확실한 명제였다. 처음이 중요하다. 아이와 협상을 빙자한 규칙 만들기에 돌입했다. 둘째도 눈을 반짝이며 첫째의 스마트폰 소유과정을 주시했다. 언니가 어떤 조건으로 스마트폰을 사용하느냐가 자신의 미래를 결정하므로 둘째 입장에서는 핫 이슈였다.

스마트폰 사용은 하루에 한 시간, 게임 앱이나 SNS는 사용할 수 없고, 아침 10시부터 저녁 9시 사이에 하며 그 후로는 기기를 가지고 있을 수 없다. 와이파이만 사용할 수 있고, 소액결제나 데이터를 쓰면 한 달간 기기를 반납해야 한다. 너무한가? 나도 그렇다고 생각한다. 그러나 너무하기로 했다. 첫째는 6학년이 되어 처음으로 스마트폰을 가질 수 있다는 사실에 흥분해서 이 조건들을 다 수용하기로 했다. 오히려 옆에서 지켜보던 둘째가 안타까워했다. 언니가 나서서 항의하고 조건을 느슨히 해주길 바랐을 텐데 단순한 첫째는 이 조건이 얼마나 가혹한지 깊이 생각하지 않았다. 첫째는 스마트폰이 생겨서 마냥 기뻤고 둘째는 자신의 미래가 암울해서 슬펐다. 영악한 둘째는 엄마가 더 심하게 제한하면 했지 자신에게 너그러운 조건을 제시하지 않으리라는 것을 빠르게 깨달았다. 차라리 엄마 아빠 스마트폰을 쓸 때가 더 자유롭지 않았던가. 둘째는 눈치를 챘지만 소유의 기쁨이 첫째의 지성을 가렸다. 만세!

불평등 조약으로 점철된 스마트폰을 사용하면서 첫째는 점점 현실을 깨달았다. 명목상의 소유권은 자신에게 있지만 하루 23시간 동안 부모님 손에 기기가 들어가는 것에 대해 불만이 쌓여갔다. 상대적으로 허점이 많은 아빠와 함께 있을 때는 스마트폰을 반납하지 않고 가지고 있었다. 파파고와 유튜브 뮤직만은 상시로 풀어달라기에 음악을 들을 때는 화면을 꺼놓는 조건으로 허락해줬다. 파파고는 영어 공부를 하려나보다 하고 기특하게 여기기까지 했다. 이렇게 허술한 나라니! 엄마들은 아셨는가? 파파고 앱으로 인터넷 서핑이 가능하다는 사실을? 언니에게 뿔난 둘째가 고자질할 때까지 나는 모르고 있었다. 둘째는 언니가 스마트폰을 빌려준다는 약속을 지키지 않자 기꺼이 자신의 미래를 팔아버렸다. 첫째는 그 후로도 여러 기발한 방법으로 내 감시망을 뚫고 기기를 내놓지 않았다. 무수한 밀고 당김이 있었고 그보다 더 많은 협박과 공갈이 있었지만 착한 첫째는 아직 처음 만든 기본 틀을 지키고 있다. 학교에서 스마트폰을 사용해야 하면 아침에 20분만 시간을 더 넣어달라고 하며, 현장 학습을 나갈 때는 하루만 스크린 타임을 풀어달라고 애원한다. 나도 그쯤은 흔쾌히 들어준다.

절대로 협상이 없는 사항은 밤 10시 이후의 스마트폰 사용이다. 음악을 들으면서 수학 문제를 풀다가도 밤 10시가 되면 스마트폰을 놓아야 한다. 자러 갈 때 은근슬쩍 갖고 가는 것은 금지다. 사춘기에는 생물학적으로 자는 시간이 점점 늦어진다. 밤에는 또릿또릿하다가 아침에 맥을 못 추는 것은 사람 몸이 원래 그렇게 돼 있어서다. 자극으로 가득한 스마트폰과 잠자리에 함께 드는 것은 자지 않겠다는 선언이나 마찬가지다. 직업상 수면에 매우 민감한 나는 숙제고 공부고 상관없이 무조건 11시에는 자야 한다며 성화를 부린다. 부모 둘다 올빼미 유형이라 아이들도 마찬가지지만 아직은 11시를 넘길 자유를 주지 않았다. 수학을 47점 맞아온 것에는 관대해도 밤에 자지 않고 깨어 있는 것에는 엄격하다. 그러니 당연히 스마트폰은 10시 이전에 중단해야 한다.

스마트폰을 그냥 줘도 잘 관리하는 아이도 많다. 시간이 흘러 둘째도 스마트폰을 소유하게 되었지만, 이 아이는 그리 집착하지 않는다. 스마트폰은 집 안 어딘가에 굴러다니고 있고 한 시간을 채우지도 않는다. 주로 만화책이지만 어쨌든 책을 읽고 악기도 연주하며 엄마 아빠를 따라다니면서 수다 떠는 것을 더 즐긴다. 틈만 나면 스마트폰을 노리는 첫째와는 다르다. 둘의 뇌가 다르기 때문이라고 생각한다. 첫째는 둘째보다 자극과 중독에 좀더 취약한 뇌를 가지고 있다. 아이가 가진 많은 장점처럼 이런 어려움도 엄연히 있으니 내 아이의 특성을 잘 고려하는 것이 필요하다. 다만 닥치지 않고서는 알 수 없으니 처음부터 엄격하게 기준을 정하는 것이 낫다. 아이가 여럿인 경우 성향에 따라 개별적인 규칙을 적용하면 갈등이 생기므로 무조건 같은 규칙을 지키도록 하는 것이 좋다.

뇌 발달 저해와 중독에 대한 걱정이 스마트폰을 제한하는 가장 큰 이유는 아니다. 이토록 편리하고 즐거운 스마트폰 세상은 전방위적으로 아이들에게 상처를 입힌다. 아무리 좋게 보려 해도 SNS는 득보다 실이 많다. 전자기기 세상 안에서 우리 아이들은 너무 많이 다치고 좌절한다. 자아 정체성이 탄탄해지기 전에 거대한 세상에 노출되어 해파리처럼 흘러다닌다. 40대 이상의 성인들이 SNS의 '좋아요'에 십대 아이들보다 영향을 받지 않는 것은 더 성숙해서라기보다 이미 정체성이 거의 완성된 시점에 SNS를 하게 되어서다.

우리는 타인과 삶을 공유하는 것이 이렇게나 쉬운 세상에서 사는 게 어떤 것인지 잘 모른다. 내가 작성한 콘텐츠를 많은 사람이 볼 수 있고 그들의 반응이 실시간으로 모니터링된다. 예상하지 못한 타인의 악의에 맞닥뜨리기도 하고 이모티콘 하나, 좋아요 하나에 감정이 오락가락하며 오해와 불안이 고개를 든다. 손가락 한번 쓱 대면 다른 사람들이 얼마나 즐겁고 행복하며 부유하게 사는지 볼 수 있다. 화면

미디어와 함께하는 슬기로운 육아생활

에는 화려한 모습만 있을 뿐 그 뒤의 노력과 고통의 여정은 없다. 아이들은 똑똑하고 영민하고 사려 깊지만, 인생에서 무언가를 얻으려면 그에 상응하는 인고가 필요하다는 것과 세상 곳곳에는 상상조차할 수 없는 지뢰가 묻혀 있음을 알기에는 너무 어리고 순수하다. 게다가 쫓아가기도 힘든 수법의 기상천외한 범죄들은 또 어떤가. 인터넷 세상에서 벌어지는 범죄들은 어른과 아이를 가리지 않는다. 진료실에서 아이들을 만나다보면 이들을 노리는 추악한 어른들의 모습에 분노가 끓어오르곤 한다. 아이들 역시 종종 가해자가 된다. 그렇기 때문에 나는 오늘도 퇴근 후 현관문을 열고 들어가면서 아이들의스마트폰을 수거하고 있다.

나의 육아 동지들에게

이 지면을 빌려서 모든 엄마 아빠에게 존경의 말을 전하고 싶다. 갑자기 이게 웬 아부인가 싶겠지만, 나는 나 자신에게도 똑같은 말을 하고 싶다. 내가 이렇게나 너그럽고 헌신적이며 계획적이고 부지런한 사람이라는 사실을 아이를 키우면서 알게 되었다. 내 인내심에 감탄할 때가 얼마나 많은지 모른다. 아이를 임신한 두 번의 열 달 동안술을 한 방울도 입에 대지 않으면서 정말이지 나는 내가 너무 대견했다. 어떤 것도 당연하지 않다. 아이를 키우면서 우리가 해야 하는 일들 중 거저 이루어지는 것은 없다. 여러분이 좀더 자신감을 갖고 스스로를 칭찬하면서 양육하시길 바란다. 사랑하고 예뻐하고 아이들의 요구를 들어줄 때뿐 아니라 그들의 욕망을 제한하고 행동을 제약할 때도 그렇다. 그래야만 아이들도 부모님의 제한을 무분별한 통제가 아닌 필요한 규칙으로 받아들이기 쉽다. 망설이고 애원하고 설득하는 것이 아니라 당당하고 유연하게 가이드라인을 만들어나가야 한다. 육아의 모든 부분에서 통용되는 원칙이다. 아이들이 필요한 좌절을 겪고 그 안에서 자기조절감을 배워나가도록 현명한 조력자가 되어줄 수 있어야 한다. 나도 아직 이 일이 어렵고 갈 길이 멀어 부끄럽다. 그래도 내 아이들과 무수한 협상과 갈등을 통과하며 터득한 몇 가지를 우리 동지들에게 나누고 싶다.

- 유아기에는 가능한 한 스크린 타임을 적게 갖는 것이 최선이다. 특히 밥 먹을 때 보여주는 것은 피치 못할 때를 제외하고는 피한다.
- 전자기기 사용을 상벌로 이용해서는 안 된다.
- 성인이 되기 전에 스마트폰 소유권을 완전히 넘겨주지는 말자. 밤 10시 이후에 스마트폰은 부모에게 귀속되어야 한다.
- 전자기기 제어 시스템을 믿지 마라. 아이들은 언제나 우리보다 더 똑똑하다.
- 처음부터 확실하게 규칙을 만들고 지키도록 하자.

미디어와 함께하는 슬기로운 육아생활

아주 간단하게 들리지만 쉽지 않다. 아무리 부모가 잘해보려 해도 아이들이 받아주지 않으면 싸움만 난다. 포인트는 두 가지다. 아주아주 어렸을 때, 그러니까 신생아 때부터 굳게 마음먹고 시작해야 한다. 조금의 틈도 주지 말고. 이 글은 예비 부모가 봐야 더 도움이 될 것 같다. 중학생 이상의 자녀를 둔 분들은 갑자기 심기일전해서 아이들에게 규칙을 정하자고 하면 안 된다. 그건 선전포고가 될 뿐이다. 그때는 두 번째 포인트인 아이들과 좋은 관계를 유지하는 것에 집중하면 된다. 그러면 아이들도 우리의 기분을 조금이나마 살피기 시작한다.

그들에 대한 우리의 사랑과 걱정을 간섭과 잔소리로 여기지 않도록 평소에 넘치도록 예뻐하고 칭찬해주자. 팔다리가 오그라들 정도로 달콤한 말을 하고 사랑스러워서 어쩔 줄 모르겠다는 듯 아이스크림 같은 눈빛으로 응시하면 된다. 자자, 어서 거울을 보며 연습해보시길 바란다. 부디 건투를 빈다.

2장

디지털 네이티브의 뇌

박소영

유아기 미디어, 얼마나 두려워해야 하는가

맞벌이 가정인 3살 서아네 집은 아침마다 분주하다. 아빠는 늦잠을 자느라 밥도 제대로 못 먹고 출근했다. 혼자 느긋한 서아는 아침밥 먹기를 거부한다. "안 먹어!"를 반복하며 마음 급한 엄마의 속을 태운다. 달래도 보고 혼도 내보지만, 아이와 실랑이하다보면 시간은 똑딱똑딱. 하…… 어쩔 수가 없다. 엄마는 서아가 좋아하는 공주 영상이 담긴 패드를 꺼내 든다. 영상을 틀자마자 서아는 둥지 속 아기새처럼 입을 잘 벌린다. 그 틈을 타 급히 밥을 먹인다. 찝찝한 마음을 뒤로한 채 엄마는 출근하고, 서아도 등원을 한다.

퇴근길, 유튜브와 쇼츠는 서아 아빠의 유일한 낙이다. 별생각 없이 낄낄거리며 웃다가 그만 내릴 역을 놓쳐버렸다. 아뿔싸! 서둘러 어린이집에 뛰어가보니 다른 아이들은 모두 하원하고 서아 혼자 놀고 있었다. 미안한 마음에 아빠는 '오늘은 함께 즐거운 시간을 보내야지' 다짐했다. 아파트 놀이터에서 미끄럼틀도 태워주고, 시소도 같이 탔다. 최대한 열심히 리액션해주고 떼를 써도 받아주었다. 그런데 웬걸, 그렇게 열심히 놀았는데 20분밖에 안 지났다.

더 놀겠다는 걸 억지로 집에 데리고 왔지만, 서아는 집에서도 놀아달라고 떼썼다. 그렇지만 이제는 씻기고 밥을 먹여야 한다. 서아 엄마가 저녁을 잘 챙기라고 당부했으니 밥은 제대로 먹여야겠다 싶었다. 집에서 만든 수제 돈까스에 밥, 그리고 할머니가 보내주신 미역국도 함께 준비해야지. 야심 차게 결심했지만, 서아가 갑자기 생떼를 부린다.

"엄마 언제 와? 아빠, 엄마는 어디 갔어?"

"오늘 엄마 늦게 온다고 했잖아."

"아니야, 서아 엄마 보고 싶어!"

결국 아이는 울음을 터뜨렸다. 엄마 언제 와, 서아 심심해……. 서아 아빠는 온종일 놀아준 자신을 찾지 않는 아이에게 왠지 서운함을 느낀다. 어쩌지, 어쩌지. 밥을 먹이려고 했는데 울기만 하고, 밥 먹을 생각도 없는 것 같다. 일단 기분을 좋게 해줘야겠다는 생각에 서아가 제일 좋아하는 유튜브를 틀었다. 빨리 먹이고 꺼야지.

"미치겠다!"

중독되는 아이들

이상한 소리에 패드 화면을 보니, 먹방 유튜버가 마라탕을 먹고 있었다. 뭐야 이거, 왜 이게 나와? 당황해서 다시 보니 아이용으로 설정한다는 걸 깜빡했다. 얼른 패드를 압수했다.

"서아야! 이런 거 아기들이 보는 거 아니야!"

깜짝 놀란 서아는 울음을 터뜨린다.

"왜 그래 아빠! 나 볼 거야, 볼 거야!"

갑자기 영상이 꺼지자 서아는 소리를 지른다. 답답하다. 서아는 밥을 안 먹겠다며 다시 엄마를 찾기 시작했다. 이미 시간은 7시 30분. 하, 언제 먹이고 씻기냐…….

"그럼 서아야, 이거 말고 우리 다시 티니핑 보자."

울고 달래며 서아를 식탁에 앉혔다. 패드의 힘을 빌려 밥을 대충 먹이고 나니 진이 빠진다. 서아는 이제야 자기 놀이를 하기 시작한다. 자동차와 강아지 인형을 갖고 노는 모습을 보니 한숨 놓인다. 아빠는 설거지를 옆에 미뤄두고 잠시 소파에 몸을 누인다. 조금만 쉬자. 휴대폰 소리를 줄이고 게임을 하기 시작한다. 10분만 하고 씻겨야지. 조용히 혼자서 노는 서아가 사랑스럽게 느껴진다……. 앗, 8시잖아? 애 엄마가 9시 전에 꼭 재우랬는데, 아직 양치도 목욕도 안 했다. 목욕과 양치 전쟁을 치르고는 잠을 재운다.

서아를 재우다가 잠이 든 아빠. 도어록 소리에 눈을 뜨니 10시였다.

"여보, 서아 오늘 잘 놀았어?"

서아 엄마가 묻는다. 아빠는 이제부터 본인만의 시간을 갖는다. 컴퓨터를 켜고 게임을 한다. 하루 중 유일하게 평화로운 시간. 한편 늦게 들어온 엄마는 연신 "미안해, 미안해" 하고 외친다. 잠든 서아 옆에서 어린이집에서 보내준 아이 사진을 보며 잠든다.

"내일은 더 잘해줘야지."

*

대한민국에서 아이를 키우는 요즘 부모들의 평범한 일상이다. 이들은 하루 24시간 꽉 채워 산다. 육각형 삶을 살기 위해, 완벽주의가 아닌 '완벽'을 추구한다. 일을 하고 회사를 다녀야 하며 아이를 키우고 보살펴야 한다. 아이의 신체 건강은 물론 정신 건강까지 챙겨야 하며 사회성도 부모 몫이다. 뭐 하나 거저먹는 게 없다.

21세기 대한민국 부모와 아이들의 삶에서 미디어는 떼려야 뗄 수 없다. 우리는 휴대폰 없이 살 수 없는 세상에 살고 있다. 아침엔 휴대폰 알람에 눈뜨고, 밥을 먹으면서는 텔레비전 뉴스로 세상의 소식을 듣는다. 출근길엔 지하철에서 이어폰을 끼고 유튜브를 보거나, 차를 운전하며 라디오를 듣는다. 회사에서도 마찬가지다. 대부분 컴퓨터나 메신저를 활용하고, 대면 회의보다는 온라인 회의가 익숙하고 또 효율적이다. 퇴근 후 그날의 피로를 풀 때도 OTT 서비스로 콘텐츠를 찾아보거나 인터넷 서핑을 한다.

이 시대에 태어난 아이들도 예외일 순 없다. 휴대폰과 패드, 텔레비전과 유튜브로 둘러싸인 시대에 태어난 아이들을 디지털 네이티브digital native라고 부른다. 아이들은 '엄마'라는 말도 하기 전에 디지털 기기를 다룰 수 있다. 손가락으로 화면을 움직이고 원하는 영상을 터치하여 플레이하기도 한다. 이른바 '검지족'. 말을 못 해도, 잘 못 걸어도 검지의 터치 하나로 원하는 것을 쉽게, 바로바로 얻을 수 있다.

"아이가 유튜브를 너무 좋아해요."

"집에서 혼자 아이를 돌보니 어쩔 수 없이 텔레비전을 틀어주게 돼요."

"미디어가 좋아요. 영상을 보고 율동도 따라 하고, 부모보다 더 잘 놀아주는걸요?"

엄마 아빠 역시 휴대폰을 손에서 잘 놓지 못한다. 그런데도 아이들에게 휴대폰을 쥐여주는 건 왠지 꺼림칙하다. 넋 놓고 유튜브를 보거나 현란한 손놀림으로 휴대폰을 터치하는 아이를 보면 죄책감이 든다. 호환 마마만큼이나 무서운 미디어. 영아기 아이들에게 미디어는 정말 해로운 것인가? 21세기를 살고 있는 이 시대의 부모들은 어떻게 미디어를 다루고 활용해야 하는가? 미디어는 시대의 흐름에 따른 자연스러운 변화인가?

수많은 논란과 고민이 있지만 전문가들은 입을 모아 말한다. 영유아기 미디어 노출은 득보다 실이 더 많다고, 미디어 노출은 최대한 늦추라고. 바로 아이들의 발달 때문이다.

뇌의 기초 공사 시기

한 팔에 다 들어올 만큼 작은, 고작 1킬로그램도 안 되던 아이는 생후 몇 년간 놀라운 성장을 한다. 혼자서는 움직이지도 못하던 아이가 기어다니고 혼자 앉을 수 있게 된다. 모유나 분유밖에 삼키지 못하던 아이가 어른과 같은 밥을 먹고 스스로 숟가락질도 할 수 있게 된다. 소리라곤 울음소리밖에 못 내던 아이가 어느새 부모를 부르고 자신의 의견을 말한다. 생의 첫 6년은 한 인간의 삶에서 실로 놀라운 발달 경과를 보여주는 시기다.

이때 키, 체중과 같은 기본 성장 발달부터 근골격계 및 감각기관의 발달, 그리고 언어, 인지와 심리 정서적 발달까지 여러 영역에서 폭발적인 성장이 이루어진다. 그래서 이 시기를 '마법의 6년'이라 부르기도 한다. 하지만 건강한 성장과 발달은 그저 나이 든다고 저절로 이루어지는 것이 아니다. 아이들이 어떤 환경에서 어떤 경험을 했는지가 핵심적인 역할을 한다.

아이들의 뇌는 만 3세쯤 되면 성인 뇌의 70~80퍼센트, 만 5~6세가 되면 약 90퍼센트까지 발달한다. 뇌를 구성하는 신경세포인 뉴런은 태아 때부터 성장하고 발달하며 뉴런과 뉴런 사이를 잇는 신경 연결망 '시냅스'를 형성한다. 이 시냅스들이 얽히고설켜 우리 두뇌의 복잡한 구조를 형성하는데, 만 2, 3세 때까지 쉴 새 없이 자라서 오히려 성인기보다 더 오밀조밀해지는 '과잉 증식'의 시기를 갖는다. 이렇게 초기에는 두뇌가 양적인 면에서 비약적으로 성장한다. 영유아기에 아이가 경험하고 자극받은 외부 환경이 시냅스 형성에 절대적인 영향을 끼치는 것이다.

초기 6년간 기초 공사를 한 이후에 뇌는 '효율적인 발달'과 '질적인 성장'에 집중한다. 즉 지난 6년간 자극받고 좋았던 부분들을 더 발달시키는 것이다. 이에 필요 없는 부위를 정리해나가는 뇌의 '가지치기'가 시작된다.

'뇌의 가지치기'는 나무의 건강하지 않은 가지를 잘라내 건강하고 튼튼한 줄기들이 더 잘 자라나게 하는 것과 원리가 비슷하다. 이는 '효율성'을 중시하는 뇌의 특징 때문에 일어나는 현상이다. 생의 초기에 자주 사용하고 필요하다고 여겨진 뇌의 부위는 남기고, 잘 쓰지 않으며 불필요하다고 여겨진 부위는 가차 없이 쳐내는 것이다. 그래서 이 가지치기 과정이 본격적으로 시작되기 전 아이들은 질이 높고 양도 많은 다양한 자극을 받아야 한다. 즉 양육자와의 교감을 통한 상호작용 및 미각, 청각, 촉각, 시각, 후각 등 감각 자극을 다양하게 경험하고 이용해야 한다. 두뇌의 여러 부위를 종합적으로 자극하는 경험이야말로 아이들의 두뇌 발달에 질적으로 좋은 경험이 된다.

영유아기 아이들의 경험은 대부분 부모의 선택에 달려 있다. 부모가 아이들의 손에 무엇을 쥐여주는지, 아이들이 지내는 환경을 어떻게 조성하는지, 무엇을 먹여주는지, 수면 환경은 어떻게 조성하는지…… . 일상 환경에서 부모의 역할은 가히 절대적이다. 그렇다면 초

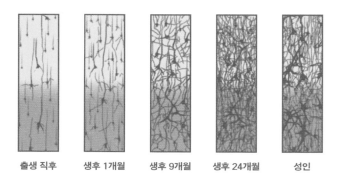

| 출생 직후 | 생후 1개월 | 생후 9개월 | 생후 24개월 | 성인 |

출처: Normal Development of Brain Circuits-PMC

뇌의 시냅스는 발달 초기에 오히려 과잉 증식했다가 이후 줄어드는 양상을 보인다.

기 6년의 두뇌 발달을 위해 아이들에게 어떤 자극을 제공해줘야 할까? 구체적으로 알아보자.

건강한 두뇌 발달을 위한 원칙

아이들이 각 단계에서 충분히 성장하고 발달하도록 양육자는 풍부하고 건강한 환경을 마련해주어야 한다. 영유아기 아이들의 신체 및 심리 발달을 위한 기본 원칙들을 살펴보자.

충분한 수면

아이를 건강하게 성장시키려면 나이와 발달 수준에 맞는 수면 시간을 확보해줘야 한다. 수면은 키나 체중과 같은 신체 발달뿐 아니라 각성과 조절, 나아가 인지 및 주의 집중 능력에도 영향을 주기 때문이다. 성장호르몬은 키 성장에 필수적인데, 특히 아이가 잠자는 동안 가장 활발히 분비된다. 이는 깨어 있을 때에 비해 수면 중에 2~3배 많이 분비되는 것으로 알려져 있으며, 특히 깊은 수면(서파 수면)에서는 4~5배 많이 분비된다고 한다.

수면의 중요성을 강조하는 이유는 신체 발달뿐 아니라 두뇌 발달에도 매우 중요하기 때문이다. 뇌 속 뉴런의 생성 및 증식과 시냅스의 형성은 수면 시간 동안 가장 활발하게 일어난다. 이뿐 아니라 아이가 깨어 있을 때 경험하고 놀면서 배웠던 것들을 정리하고 기억에 저장하는 것, 즉 하루의 경험들을 자기 것으로 만드는 일은 자는 동안 일어난다. 수면 시간이 충분하며 수면 습관이 바른 아이들은 그렇지 못한 아이들에 비해 기억력, 집중력, 학습력이 더 우수했다는 연구 결과도 많다. 대한수면학회에서 제시한 가이드라인을 참고해 우리 아이의 권장 수면 시간을 알아보자.

연령	권장 수면 시간 (낮잠 + 밤잠)
1~2세	11~14 시간
3~5세	10~13 시간
6~13세	9~11 시간
* 8시간 미만: 수면 부족	

출처: 대한수면의학회

영양 균형이 맞는 식사

발달의 기본 중의 기본은 잘 먹는 것이다. 이때 '잘' 먹는다는 것은 '많이' 먹는 것만을 뜻하는 게 아니다. 성장 및 발달에 필수적인 영양

소를 고르게 섭취하도록 하는 것이다. 즉 탄수화물인 곡류군, 단백질인 어육류군, 지방, 비타민, 그리고 무기질인 채소 및 과일군, 이렇게 다섯 가지를 골고루 먹여야 한다.

심리 발달 과업

신체적 발달과 더불어 심리적으로도 단계별로 이뤄내야 할 발달 과업developmental task이 있다. 이것이 안정적으로 이루어져야 다음 단계로 순조롭게 넘어갈 수 있다.

돌 전후까지의 '영아기'에 중요한 심리 발달 과업은 주 양육자와 안정적인 애착을 형성하는 것이다. 이것은 영아기 아이들에겐 생존과도 직결되는 문제다. 먹고 자는 생리적인 본능 외에 보살핌과 사랑을 받고 싶은 본능도 충족되어야 안정적으로 성장하고 발달할 수 있다. 아이는 언제나 곁에서 자신을 민감하게 보살펴주고 필요할 때 반응해주는 주 양육자를 통해 자신과 타인, 외부 세계에 대한 믿음을 형성해간다. 주 양육자의 일관된 반응에서 외부 세계가 위험하지 않고 믿을 만한 곳이라는 생각을, 주 양육자의 따뜻한 보살핌에서는 자신이 사랑받을 가치가 있다는 믿음을 쌓아나간다.

주 양육자와의 끈끈하고 친밀한 애착관계를 경험하면서 영아는 초기의 심리 발달 과업인 '신뢰감'을 획득한다. 자신과 타인에게 신뢰감을 갖는 아이는 호기심을 발휘해 세상을 탐구하는 경향을 보이며, 이는 인지 발달에 결정적인 역할을 한다. 세상을 탐험할 수 있는 독립적인 인간으로 성장하기 위해서는 영유아기에 반드시 안정된 애착이라는 과업을 이루어야 한다.

다음은 걸음마기라고도 부르는 '유아기'로, 대략 12개월부터 만 3~4세까지다. 이때 아이들은 스스로 걸을 수 있고, 손발이 점점 자유로워지면서 절대적으로 의존하던 양육자에게서 벗어나 자신이 독립된 개체임을 깨닫는다. 이 시기의 발달 과업은 '개체성'과 '독립성'이다. 아이들은 다양한 도전으로 자신의 능력과 힘을 시험해본다. 수저로 음식을 쥐어서 먹기도 하고, 부모가 안아주기 전에 스스로 걸어가기도 한다. 양육자의 지시에 따르지 않고 "아니" "싫어"라는 표현으로 자기주장을 하며, 그 와중에 결과를 예측할 능력은 부족해 넘어지거나 위험한 상황에 부딪히기도 한다.

하지만 자신이 독립된 개체임을 깨닫고, 힘을 조절하며 스스로 통제할 능력을 연습하기 위해서는 다양한 경험과 도전을 해봐야만 한다. 절대적 의존에서 상대적 의존으로 넘어가는 이 시기에 양육자들은 아이를 위해 모든 것을 해주던 영아기 때보다는 더 많고 다양한 환경을 제공해줘야 한다. 즉 여러 외부 경험이 필수다.

마법의 초기 6년의 마지막 시기는 만 4~6세의 '학령전기'다. 이때 논리가 발달하기 시작한다. 그 전까지는 세상의 중심이 자신에게 있다고 믿고, 비논리적이고 충동적이었다면, 학령전기에 들어서면서 주변을 더 살필 수 있게 된다. 언어 및 인지 능력이 비약적으로 발달하면서 자기 행동의 결과를 예측할 수 있고, 이와 함께 행동의 목적과 의미는 더욱 분명해진다. "나는 운동을 잘해" "나는 커서 경찰관이 될 거야"처럼 자신의 특성이나 미래의 모습도 이야기하면서 주도성을 확립하는 시기다. 이 '주도성'이 바로 학령전기 아이들의 발달 과업이다. 아이들은 유치원 등 기관에서 좀더 규칙과 규범을 지키도록 요구받고, 또래들과의 관계도 복잡해진다. 하기 싫어도 해야 하는 일이 생기고, 친구들과의 관계에서도 우정과 함께 갈등이 일어난다. 아이들이 생활하고 살아가는 문화와 가치관을 습득하는 시기도 바로 이 학령전기다.

다시 말해, 자아가 인지적, 정서적, 사회적으로 팽창하는 시기이다. 자기 자신의 생각 및 감정을 인식하고 조절하는 법을 배워나가는 이 시기는 청소년기 이후의 성격을 형성하는 데에도 큰 영향을 준다고 알려져 있다. 그렇기에 놀이를 통해 또래와 상호작용하고, 규칙을 지키는 단체생활을 경험하며, 가정 또는 사회에서의 자기 역할을 익혀 사회 구성원이 되는 연습을 해둘 필요가 있다.

아이들의 본능을 따르면서 자아를 확장하는 놀이

아이들은 누가 놀라고 강요하지 않아도 스스로 놀잇감을 찾는다. 혼자 몸을 가누지 못하는 신생아 시절부터 모빌을 보면 궁금해하고, 눈에 보이는 것은 입에 넣어 탐색해본다. 이 모든 감각적 경험이 바로 아이에게는 놀이이며 세상을 알아가는 과정이다. 즉 놀이는 모든 아이의 본능이다. 놀이에 몰입한 아이의 눈은 반짝반짝 빛나는데, 바로 이것이 두뇌가 질적으로나 양적으로나 활발하게 작동한다는 증거다. 입과 손, 눈으로 들어온 다양한 자극은 모두 아이에게 놀잇감이 될 수 있다. 세상을 씹고 뜯고 맛보고 즐기는 것이다.

아이의 놀이는 정형화되어 있지 않고 계속해서 변화하며 진화한다. 영아기에는 눈앞의 사물을 관찰하는 것에서 시작해 코끝에 스치는 냄새, 손끝 발끝에 닿는 촉감, 볼을 스치는 산들바람, 귓가를 맴도는 엄마의 노랫소리 등 모든 감각을 동원해 놀이를 한다. 영아기를 지나면 하나의 놀이에 좀더 오래 몰입할 수 있게 된다. 놀잇감을 조작하면서 사물의 작동 원리를 배우기도 하고, 다양한 감정을 간접적으로 경험하기도 한다. 물건들을 직접 조작해보기도 하고 던져보기도 하고 굴려보기도 한다. 자기 힘으로 물체를 조작하는 경험은 아이들에게 큰 의미를 갖는데, 자신이 외부 환경에 변화를 줄 수 있음을 깨닫기 때문이다.

언어와 인지가 발달하며 아이들의 놀이는 점점 더 복잡해지고 다양한 의미를 갖게 된다. 놀이가 상징성을 띠기 시작해 아이들의 심리 상태가 투영되기도 하고, 평소에 갖고 있던 불안이나 긴장을 놀이로 이완하기도 한다. 이러한 놀이는 아이 스스로 주도하는 능동적인 작업으로서 자아와 인지를 확장해주는 중요하고 고유한 수단이다. 특히 만 4세가 넘어가면 역할 놀이부터 상징 놀이, 극놀이 등 일상의 모든 것이 놀이가 될 수 있다. 심지어 마음이나 상상 속에 있는 것들 또한 놀이가 될 수 있다. 이렇게 스스로 선택한 놀이로 재미와 즐거움을 경험하는 것은 물론 자신의 감정을 표현하고, 일상에서 경험한 바를 반복 및 모방, 변형하며 학습하고 성장해나간다.

신체 활동

신체 활동 또한 뇌 발달에 결정적이다. 신생아들은 손이나 발이 자기 몸 어디에 있는지 알지 못해 부모와의 접촉이나 외부 자극으로 신체 지도를 그리게 된다. 내부 감각과 외부 자극을 잘 받아들이고 통합하면 이후 자세가 안정되고, 손발을 제대로 쓸 수 있는 등 자기 조절력이 생긴다. 자기 몸을 조절하고 움직이면서 신체 부위를 인지하고 운동 능력을 습득하는 것이다. 초기 대근육과 신체 운동 능력이 어느 정도 안정화되면 소근육과 협응 등 좀더 미세한 발달이 이루어진다.

사실 손을 조작하는 것이나 걷기, 뛰기 등 아주 단순해 보이는 동작조차 두뇌의 상당히 고도화된 통합적 능력을 필요로 한다. 아이들이 첫걸음을 떼고 몇 발짝 걷는 모습을 떠올려보자. 앉아 있다가 무언가를 짚고 일어설 때 어디에 힘을 줘야 할지, 어디를 향해 걸어야 할지, 오른발을 떼어낼 때 왼발은 어떻게 할지, 나아가 어디까지 걸을지……. 미리 생각하는 것이나 그에 맞춰 몸을 움직이는 것이나 상당한 노력을 필요로 하는 행위다. 대뇌가 지시를 내리면, 필요한 영역의 근육이 움직인다. 이것이 운동 실행 능력 및 협응 능력이다. 이를 조절하는 뇌의 부위는 협응과 균형을 담당하는 소뇌다. 이러한 통합적 움직임은 두뇌가 어느 정도 발달하고 난 후에 가능하며, 뇌 발달을 더욱 촉진하는 역할을 한다.

신체 놀이가 뇌 발달에 직접적인 영향을 미친다는 다른 연구 결과도 많다. 집중력, 의욕, 각성을 조절하는 노르에피네프린과 보상에 대한 만족감을 조절하는 도파민, 뇌 활동을 적절하게 통제하고 기분과 충동, 공격성을 조절하는 세로토닌 등 뇌 발달을 촉진하는 여러 신경전달물질의 분비 및 균형을 조절해준다는 것이다. 신체 활동은 또한 앞서 언급했던 시냅스의 형성에도 영향을 미쳐 뇌 발달에 직접적으로 관여한다. 어린 시절 동네 친구들과 했던 '무궁화꽃이 피었습니다'나 술래잡기, 줄다리기 놀이를 기억하는가? 학령전기 아이들은 또래들과 놀이를 즐기며 신체 움직임을 조절하고 운동 실행 능력을 발달시키며 사회성의 기초를 쌓는다. 규칙이 있는 놀이에서 소속감, 우정, 성취감, 건강한 경쟁 등을 배우고, 규칙을 지키며 자신을 통제하는 과정에서는 자기 조절력도 키울 수 있다.

즉 신체 활동은 아이들의 발달 및 성장에 핵심적인 요소다. 이에 세계보건기구WHO는 아이들에게 필요한 신체 활동 시간과 강도의 가이드라인을 제시했다.[1]

영아기(~1세) 신체 활동 가이드라인

• 신체 활동
- 감각 운동 놀이, 신체 지도 그리기
- 바닥에서 하는 다양한 놀이 활동
- 기어다니기
- 손 뻗기
- 구르기
- 뒤집기, 배밀이
- 움직이는 물체 따라가기
- 효과: 신체 활용, 운동 기술, 근육과 힘 기르기, 협응력 기르기

• 부모 활용 팁
- 다양한 신체 활동을 여러 차례 유도하기
- 30분 미만으로 여러 번 나누어 해주기
- 1시간 이상 움직이지 않는 자세는 피하기
  (유모차나 하이 체어에 앉아 있기, 보호자 등에 업혀 있기 등)

출처: 세계보건기구

유아기(1~2세) 신체 활동 가이드라인

• 신체 활동
- 걸음마기 기본 움직임 및 신체 균형 잡기
- 활동 범위가 넓어졌으니 다양한 시도를
  할 수 있는 신체 놀이를 권고
- 걷기와 쫓기 놀이(잡기 놀이)
- 바구니 안에 공 넣기
- 숨기 놀이

• 부모 활용 팁
- 하루 180분 이상의 신체 활동 권장
- 1시간 이상 움직이지 않는 자세는 피하기
  (유모차나 하이 체어에 앉아 있기, 보호자 등에 업혀 있기 등)

신체 활동
적어도 **180**분

정적인 스크린 타임
0분 (만 1세)
길어도 **60**분 (만 2세)

양질의 수면
0분

유아기(3~4세) 신체 활동 가이드라인

- 신체 활동
- 운동 기술의 정교화, 신체 조작 능력 향상
- 걷기, 뛰기, 점프 등의 운동
  기술이 더욱 정교화
- 놀이터 적극적으로 활용
- 풍선 놀이
- 소근육 발달에 좋은 종이접기,
  그리기 등 시작

- 부모 활용 팁
- 하루 총 180분 이상의 신체 활동(그중 최소 60분은 중등도에서
  고강도의 활동으로 구성한다. 활동 시간이 많을수록 더 좋다)
- 1시간 이상 움직이지 않는 자세는 피하기
  (유모차나 하이 체어에 앉아 있기, 보호자 등에 업혀 있기 등)

신체 활동
적어도 180분
중에서 길어도 60분은 중등도에서 고강도의 활동으로

정적인 스크린 타임
길어도 60분

양질의 수면
10-13 시간

- 신체 활동
- 간단한 규칙이 있는 신체 놀이, 협동 놀이
- 숨바꼭질
- 술래잡기
- 무궁화꽃이 피었습니다
- 줄다리기
- 장애물 코스 놀이

- 부모 활용 팁
- '중간에서 격렬한 강도'의 유산소 운동을 중심으로 매일 60분 이상의 신체 활동
- 근육과 뼈를 강화하는 활동 일주일에 3일 이상 병행

두뇌는 통합적으로 발달한다. 언어와 인지, 정서와 사회성, 운동성과 신체가 구분되어 발달하는 게 아니라, 서로 영향력을 행사하면서 발달한다는 뜻이다. 뇌는 고도로 조직화된 체계로 각 영역은 긴밀하게 연결되어 있다. 어린아이의 뇌는 성인에 비해 분화가 덜 되어 서로 영향을 더 많이 받으므로 조화로운 뇌 발달이 중요하다.

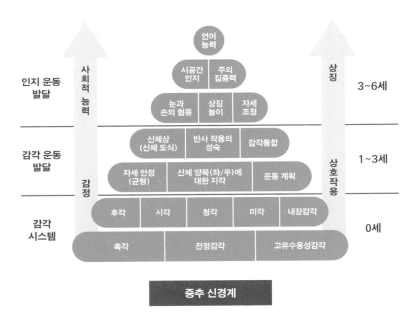

감각부터 인지까지 통합적으로 발달해나가는 중추신경계의 발달 과정.

미디어가 아이의 뇌에 미치는 영향

이제부터 이 책의 본격적인 주제로 한 걸음 더 들어가보자. 미디어의 자극과 미디어 사용 경험은 우리 아이들에게 어떤 영향을 줄까?

미디어를 통한 경험은 자극적이며 일방향적이고 단편적이다. 특히 유아들이 활용하는 미디어는 그럴 수밖에 없는데, 그 영향력은 아이가 어릴수록 더 크다. 미디어에서 오는 자극은 일상생활에서의 자극보다 훨씬 더 강하고, 즉각적인 만족감을 준다. 정신없이 돌아다니던 아이나 떼쓰며 소리 지르던 아이들이 미디어를 보여주면 입 다문 채 화면을 응시하는 모습만 봐도 그렇다. 빠르게 바뀌는 화면과 생동감 넘치는 사운드, 귀와 눈을 자극하는 시청각 자극에 아이들은 금세 화면 속으로 빠져든다.

그렇기에 부모와 양육자들이 미디어를 '보육의 도구'로 활용할 때가 생긴다. 아이들이 너무 떠들거나 떼를 써서 주변에 폐가 될 때, 혹은 중요한 일을 해야 하는데 계속 놀아달라고 요구할 때 아이들의 주의를 돌리기 위해 가장 손쉽게 사용할 수 있는 것이 미디어다. 그만큼 아이들을 유혹하는 힘이 강력하다. 그러나 한두 번씩 이용하는 것과 일상에서 습관처럼 보는 것은 전혀 다르다. 미디어 자극에 오래 노출된 아이들은 신체 활동 시간이나 시청각 자극 이외의 자극을 받을 기회가 자연스레 줄어든다.

미디어는 한눈에 눈과 귀를 사로잡고, 깊이 생각하지 않아도 이해할 수 있다. 직관적이고 단편적이다. 그런 이유로 미디어 콘텐츠를 시청할 때 아이들은 두뇌의 특정 부위만 사용하곤 한다. 실제로 아이들의 뇌 활동 연구를 보면 시각 중추인 후두엽 외에 다른 부위는 오히려 평소보다 활성화 정도가 떨어졌다. 이러한 경험이 반복되면 두뇌 발달을 위한 통합적인 경험은 점점 부족해질 수밖에 없다. 뇌의 특정 부위만 반복적으로 자극된다면 다른 부위는 가지치기될 가능성이 높아지면서 발달이 더뎌진다.

우리 뇌에는 특정 시기에 반드시 특정 자극을 받고 성장해야만 하는 결정 시기critical period가 있다. 사고력과 자기 조절력, 문제 해결 능력 등을 관장하는 전두엽은 만 3세경부터 활발하게 발달한다. 이 시기에 미디어에 만성적으로 노출된다면 아이는 직관적이고 즉각적인 자극을 전두엽을 거치지 않고 흡수하게 된다. 문제는 이때가 전두엽을 가장 활발히 써야 하는 시기라는 것이다. 이로써 아이는 곰곰이 생각하거나 주의 집중을 유지할 힘을 키우지 못하고 바로 만족감을 주는 자극만 쫓게 된다. 이것이 반복되면 결국 깊이 생각하여 실행에 옮기는 능력을 키울 기회를 잃게 되고, 이는 집중력과 문해력 저하로 이어질 수 있다.

두뇌가 건강하게 발달하려면 다양한 자극을 받고 양질의 경험을 해야 한다. 두뇌는 각 영역이 서로 긴밀하게 연결되고 상호작용할 때 더 효과적으로 발달한다. 생각해서 글씨를 쓴다든가 몸을 움직이며 방향을 정한다든가 하는 통합적인 활동, 직접 만져보고 자기 손으로

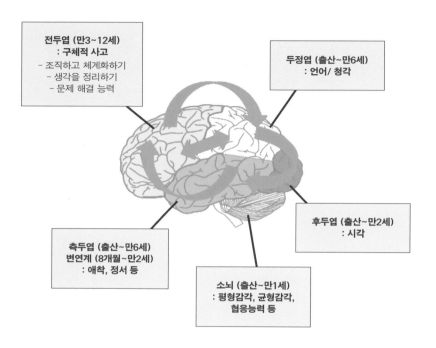

전두엽 (만3~12세)
: 구체적 사고
- 조직하고 체계화하기
- 생각을 정리하기
- 문제 해결 능력

두정엽 (출산~만6세)
: 언어/ 청각

후두엽 (출산~만2세)
: 시각

측두엽 (출산~만6세)
변연계 (8개월~만2세)
: 애착, 정서 등

소뇌 (출산~만1세)
: 평형감각, 균형감각,
협응능력 등

뇌 발달에 중요한 결정 시기.

조작해가며 뇌의 여러 영역을 단계적으로 거칠 수 있는 자극 같은 것 말이다. 그런 의미에서 미디어는 뇌 발달에 좋은 영향을 끼친다고 할 수 없다.

미디어로 인해 놓칠 수 있는 것들

"미디어가 일방향적이고 단편적이어서 문제라고?"

"우리 애들은 미디어 보면서 많이 배우고 함께 춤추고 그러는데요? 저도 어려서 만화영화 많이 봤지만 잘 컸고요."

물론이다. 일방향적이고 자극적이라는 미디어는 점점 진화하고 있다. 쌍방향적인 미디어가 나오거나 교육적인 영상도 제작되는 등 미디어 자체도 성장하고 발달하는 중이다. 그런데도 왜 유아들에게만은 미디어 사용에 대한 우려를 표하는 것일까? 여기에는 다른 요인이 있다.

첫째, 미디어를 과도하게 사용하면 수면, 놀이, 경험, 운동 등 영유아기 및 학령전기 아이들에게 필요한 다른 활동을 할 시간이 부족해진다. 미디어를 보는 동안 가만히 앉아 있으면 신체 발달에 도움이 되지 않는 것은 물론 이 시기에 필요한 신체 활동 시간까지 빼앗길 수 있다. 그러다보면 소아비만 등의 문제도 생길 수 있다. 또한 수면에도 나쁜 영향을 미친다. 과각성된 상태가 오래 지속되며 멜라토닌 분비가 성숙하는 과정이 늦춰져 수면의 질이 떨어지고, 미디어를 사용하는 시간 자체 때문에 수면의 양이 줄어들기도 한다. 유아의 미디어 사용 시간이 증가할수록 수면 시간과 질에 부정적인 영향을 미친다는 가설은 이미 많은 연구에서 검증되었다.[2]

둘째, 일방향적인 미디어에 지속적으로 노출되면 언어 발달에 부정적인 영향이 갈 수 있다. 만 2세 이전에 미디어를 하루 2시간 이상 본 아이들은 그렇지 않은 아이들에 비해 언어 발달 지연의 가능성이 훨씬 더 높다는 연구 결과가 있다. 부모보다 언어 표현을 다양하게 하고 심지어 외국어도 하는 미디어가 왜 언어 발달을 지연시키느냐고 반문하는 사람도 있을 것이다. 하지만 영유아기의 언어 발달은 쌍방향의 언어 자극, 직접적인 상호작용을 통해 이루어진다. 아이는 주 양육자와 소통하고 상호작용하려는 동기에서 비롯된 제스처부터 시작해 소리 내고 양육자의 입 모양과 소리를 모방하면서 언어를 습득한다. 반면 미디어의 언어 자극은 일방향적이라 양질의 자극이 될 수 없다.

셋째, 부모와 자녀의 상호작용 시간이 줄어들고 애착 형성에도 어려움이 생길 수 있다. 아이들에게 필요한 것은 부모의 따뜻한 시선과 애정 어린 스킨십, 함께 나눈 마음과 함께하는 활동이다. 영유아기의 아이들에게는 양육자라는 존재를 통해 자기 자신을 더 알아가고, 세상에 대한 신뢰를 쌓아가는 것이 필수적이다. 이것이 바로 애착으로, 이후 사회적 관계의 토대가 된다. 그런데 이 시기에 부모나 양육자보다 미디어와 시간을 더 많이 보낸다면, 영유아기의 발달 과업인 애착과 신뢰감, 개체성과 주도성의 달성은 그만큼 부족해질 수밖에 없다.

넷째, 능동적인 놀이의 기회가 줄어들 수 있다. 미디어는 앉아서 수동적으로 즐기는 콘텐츠가 대부분이다. 하지만 아이들에게 본능이자 정서와 두뇌 발달에 가장 중요한 것 중 하나인 놀이는 능동적인 행위다. 아이들은 스스로가 선택한 소재와 주제로 놀이를 다양하게 변형하면서 자아를 확장한다. 그 안에서 스스로의 힘을 시험하고 감정을 재경험하며 일상의 불안을 해소하기도 한다. 놀이를 얼마나 잘 즐기느냐는 정신 건강의 중요한 지표다. 그런데 수동적인 미디어 시청에 길들여진 아이들은 이런 일을 어려워한다. 그러면 이후 정서 인식, 정서 조절, 인지 발달에도 부정적인 영향을 미칠 수 있다.

다섯째, 집중력 및 주의력 발달에 부정적인 영향을 줄 수 있다. 일부 연구에 따르면 빠르게 변하는 자극적인 콘텐츠에 과도하게 노출된 아이들은 추후 주의 집중력이 낮고, 이것이 ADHD 진단률과도 연관이 있다고 한다. 주위에서도 자극적이고 단편적인 자극에 길들여진 아이들이 일상적인 자극에 흥미를 못 느끼거나 지루해하는 것은 흔히 볼 수 있다.

현명한 미디어 사용을 위해 기억해야 할 세 가지

이렇게 부정적인 영향이 많은 미디어, 아예 보지 말라는 말인가? 시대가 변했고 양육자들은 미디어로 생활하며 육아한다. 부모가 차단하려 해도 바깥에 나가면 미디어 콘텐츠가 즐비하다. 이런 시대에 살고 있는 부모들은 미디어를 사용할지 여부보다 '어떻게' 사용할 것인가에 주목해야 한다.

백번 양보하더라도 24개월 이전, 그중에서도 18개월 이전의 영유아에게는 미디어 노출을 전혀 하지 말아야 한다. 세계보건기구, 미국 소아정신과학회, 대한소아청소년정신의학회, 소아과학회 모두 그렇게 권고한다. 앞서 말했듯 미디어 자체가 유해하고 미디어 시청이 발달에 꼭 필요한 다른 활동들을 방해하기 때문이다. 만 2~5세 아이들은 하루 1시간 이하로 제한하도록 권고하고 있으며, 미디어 시청 시간뿐 아니라 뇌의 다양한 신체 활동 및 수면 시간도 따로 권고하고 있다. 이에 대해 구체적으로 알아보자.

생의 초기 6년간 아이들에게 부모의 영향력은 절대적이다. 미디어도 그렇다. 부모가 미디어를 어떻게 바라보고 활용하는지에 따라 아이들의 초기 미디어 경험은 달라진다. 따라서 양육자는 다음의 세 가지를 고려해야 한다.

1. Child: 아동의 나이 및 발달 수준
2. Contents: 미디어 콘텐츠의 내용
3. Context: 미디어를 사용하는 상황

'3C'로 정리할 수 있는 현명한 부모의 미디어 사용 방법이다.

첫 번째 C, Child: 내 아이에게 맞는 미디어 사용 원칙 세우기

가장 중요한 것은 연령에 따라 미디어 시청 시간을 제한해야 한다
는 것이다. 다음은 미국소아청소년정신의학회에서 제시한 스크린타
임 가이드라인이다.

연령	시간	비고
영아 (생후 0~18개월)	권고하지 않음	친숙한 사람과 영상통화는 가능.
유아 (생후 18~24개월)	1시간 미만	보호자와 함께 교육 프로그램 시청.
아동 (2~5세)	하루 1시간 미만	평일 하루 1시간 이하, 주말 하루 3시간까지.
소아 청소년 (6~17세)	2시간	오락 목적의 스크린 타임은 평일 하루 2시간 이하로. 건강한 제한을 유지하고 다른 중요 한 활동(신체 활동, 수면)을 위한 시간을 확 보하는 데 집중할 것.
10대 및 성인 (18세~)	2~4시간	오락 목적의 스크린 타임은 평일 하루 2~4 시간 이내로. 이용 중 자주 쉬는 시간을 가지 고, 스크린 금지 시간 및 공간을 설정할 것. 신체 활동 시간을 확보해야 함.

미국소아청소년정신의학회의 스크린 타임 가이드라인.

4~5개월 된 아기를 떠올려보자. 4개월 아기의 권장 수면 시간이
12~16시간인데, 수면 시간을 12시간으로 잡고 수유하는 데 4시간,

기저귀 가는 데 1시간, 목욕하는 데 1시간을 들이면 벌써 18시간이다. 하루 24시간 중에 먹고 자고 싸는 것만 18시간이고 남은 건 6시간뿐이다. 이 소중한 시간을 어떻게 사용하고 싶은가?

18~24개월부터는 하루 1시간 미만을 권고하는데, 그마저 영상을 부모와 함께 보길 권하고 있다. 두 돌 된 아이를 떠올려보자. 이 아이에게 필요한 신체 활동 시간은 하루에 180분, 즉 3시간 이상이다. 총 수면 시간이 11~14시간 정도에 밥 먹는 데 3시간을 쓴다면 남는 시간은 7~10시간밖에 되지 않는다. 그중 3시간 이상 신체 활동을 해줘야 하니 미디어에 쓸 시간은 1시간을 넘길 수 없다.

3~6세(만 2~5세), 즉 학령전기 아동들에게는 평일 하루 1시간 미만, 주말엔 하루 3시간을 넘지 않도록 권고한다. 이 시기 아이들은 에너지가 넘치고, 놀이와 상상이 끝도 없이 확장된다. 아이들이 신체적인 에너지를 발산할 시간을 충분히 확보하는 것이 중요하다. 스스로 만들어나가는 놀이는 미디어를 통한 놀이와 질적으로 다르다. 신체적인 놀이와 자발적인 놀이를 한 뒤에는 충분히 수면을 취해야 하기 때문에(10시간 내외) 미디어를 볼 시간이 아마 없을 것이다.

두 번째 C, Contents: 내용을 고려해 콘텐츠 고르기

아이들이 스스로 질 좋은 콘텐츠를 고르기는 힘들다. 아이가 어릴수록 부모가 미리 콘텐츠를 골라줘야 한다. 취향을 존중해주고 싶다면 골라둔 여러 개 중에서 아이가 선택하게 할 수 있지만, 그래도 전체 가이드는 부모가 정하는 게 맞다. 그렇다면 질적으로 좋은 콘텐츠는 어떤 기준으로 택해야 할까?

1. 아이가 주도적으로 무언가를 할 수 있는가?
2. 아이에게 의미 있는 내용인가?
3. 사회적 상호작용으로 연결될 수 있는 내용인가?

앞서 살펴본 미디어의 부정적인 영향 중 대표적인 것이 일방향적이고 단편적이라는 점이었다. 이에 최근에는 상호작용을 이끌어내는 콘텐츠가 많이 개발되고 있다. 즉 화면 속 인물과 시청자인 아이가 쌍방향 소통을 할 수 있는 미디어로, 단순히 보는 것뿐 아니라 질문하기, 물체에 이름 붙이기, 화면에 나온 것을 묘사하기, 이야기와 관련된 행동 해보기, 함께 이야기하기 등의 참여가 가능하다. 이런 미디어들은 콘텐츠 내용을 화면 밖으로 이어지게 하는 힘을 갖고 있다.

또한 어린아이들일수록 일상생활과 연결되는 내용이 담긴 영상을 보여주면 좋다. 아이들에게 익숙한 경험이나 실제 생활과 관련된 내용을 다룬다면 콘텐츠를 본 뒤 현실 세계에 적용할 수 있다. 예컨대 따뜻한 부모-자녀 관계라든가 또래끼리의 우정, 일상생활의 규칙과 생활에 관한 내용 등이다.

- 너무 화려하고 요란한 영상, 나이에 맞지 않는 영상
- 지나치게 빠르고 복잡해 아이가 처리하지 못하고 자극만 받는다
- 말이 길거나 어려우면 아이가 이해하기 더더욱 어렵다

- 효과음이 과한 영상
- 주의를 분산시키는 역효과를 가져온다
- 오히려 멍한 상태가 된다

세 번째 C, Context: 미디어를 사용하는 상황을 고려하자

마지막으로 고려해야 할 것은 가정 내의 미디어 사용 환경이다. 우리 집에 미디어 기기가 몇 대나 있는지, 아이가 기기들에 얼마나 노출되어 있고 접근성은 어떠한지, 아이가 미디어를 주로 언제 시청하는지 등 현재 상황을 점검해야 한다.

미디어 기기 및 콘텐츠를 이용하는 장소와 시간의 통제권은 적어도 만 6세까지는 부모가 갖고 있어야 한다. 아이에게 그냥 줘버리거나, 스스로 미디어 사용을 조절하기를 기대하는 것은 어리석은 행동이다. 수면 시간을 정하고 식사의 양과 내용물을 정해주듯 미디어 사용도 부모가 적극적으로 관리해야 한다. 사용 시간뿐 아니라 공간에 대한 기본 규칙도 세우자.

우리 집 미디어 사용 습관 점검

- 우리 가족은 미디어 사용에 대한 규칙을 가지고 있는가?
- 우리 집에는 미디어 기기가 몇 대이며 어디에 있는가?
- 미디어를 금지하는 시간이 있는가?
- 아이와 함께 있을 때, 부모는 미디어를 얼마나 사용하는가?
- 부모와 아이가 함께 있을 때, 미디어를 사용하는 비중은
  몇 퍼센트인가?
- 부모는 아이가 사용하는 미디어의 내용을 알고 있는가?

위의 질문에 스스로 대답해보자. 우리 집의 미디어 사용 환경은 아이에게 건강한가, 그렇지 못한가? 결국 아이들은 부모를 보고 배우므로, 부모 스스로가 먼저 자신을 점검해야 한다.

아이에게 정말로 필요한 것

어린아이를 키우는 건 체력적으로 힘든 일이다. 먹고 재우고 씻기기만 해도 하루가 다 간다. 부모들은 그 와중에도 잘 놀아주려고, 많은 것을 경험하게 해주려고 노력한다. 아이의 매 순간을 전부 채워주고 싶은 것이 부모 마음이다. 그렇게 매일매일을 100퍼센트 채워

주려 하다보면 부모는 지치고, 지친 부모는 아이 손에 패드를 쥐여주게 된다. 하지만 아이들은 의외로 많은 것을 필요로 하지 않는다. 작은 몸을 마음껏 움직일 공간, 여기저기 만지고 느껴볼 수 있는 놀잇감, 계절의 변화 및 다양한 감각을 느끼게 해주는 자연과 공간, 그리고 그런 다양한 경험을 함께하는 부모. 그것이면 충분하다. 너무 많은 것을 해주려다 가장 기본을 놓치고 있는 건 아닌지 생각해봐야 할 때다.

최신 연구들 중에는 미디어도 부모와 사회적 상호작용을 하면서 이용하면 학습이나 정서에 도움이 된다고 밝힌 것들이 있다. 즉 미디어는 '절대 악'이 아니다. 다만 적어도 만 6세까지는 아이가 시청하는 내용을 부모가 확인하고 아이의 관심사를 공유해야 한다.

부모가 명확한 원칙을 갖고 현명하게 이용한다면 미디어는 아이나 부모 모두에게 도움이 될 수 있다. 그렇더라도 미디어를 사용하는 시간이 부모와 함께 보내는 시간을 대체할 수 없다는 것은 변치 않는 사실이다. 아이들에게는 부모, 친구와의 생생한 교감이 필수적이며 절대적이다.

중독되는 아이들

Q&A

Q) 멀리 떨어진 부모나 조부모님과 영상통화 하는 것은 괜찮나요?

영상통화는 미디어를 활용하지만 사람과 사람 간의 상호작용입니다. 살아 있는 두 사람이 생생하게 주고받는 것이죠. 또한 영상통화는 목소리만 듣는 전화에 비해 아이들이 이해하기가 훨씬 쉬운데, 비언어적 의사소통 요소인 표정 등을 확인할 수 있기 때문입니다. 어릴수록 아이들은 목소리보다 상대의 표정으로 의도를 읽는 것에 더 익숙합니다. 따라서 일반적인 전화보다 영상통화가 상호작용 및 의사소통에 더 효과적일 수 있습니다.

Q) 우리 아이는 이미 중독된 것 같고, 영영 안 바뀔 것 같은데 어떡하죠?

지금껏 미디어의 유해성이나 위험성을 모르고 아이에게 많이 노출시켰다고 해도 달라질 수 있습니다. 다행히 아이 뇌의 신경 연결망은 유동적이고 변화가 가능해요. 이를 '뇌 가소성brain plasticity'이라고 하는데, 어릴수록 가소성이 뛰어나 미디어 노출이 많았던 뇌라도 충분히 되돌릴 수 있습니다. 미디어를 대체할 만한 재미있는 활동을 준비하고 아이와 함께 시간을 보내보세요. 아이들은 부모와의 상호작용을 가장 좋아합니다. 함께 놀고 느끼는 시간은 아이뿐 아니라 부모에게도 꼭 필요합니다. 늦은 때는 없으니 지금이라도 미디어 사용 시간을 조절해봅시다.

Q) 미디어로 영어 공부를 하는 건 어떤가요?

만 3~5세 아동들에게 나이에 맞는 적절한 자극으로 구성된 미디어를 활용하면 학습 효과를 높일 수 있다는 연구 결과들이 있습니다. 아동이 참여할 수 있는 형태의 학습용 미디어북을 적절히 사용한다면 긍정적인 효과를 극대화할 수 있죠. 하지만 이것도 기본적인 수면, 신체 활동, 애착, 실제 놀이 등이 충분히 이루어질 때의 이야기입니다. 또한 교육적인 콘텐츠라고 해도 콘텐츠의 질이나 부모의 참여, 아이의 연령 등에 따라 영향력은 달라질 수 있어요.

Q) 집 안이 적막해서 텔레비전을 켜두는 편인데, 아이가 보지만 않으면 상관없겠죠?

배경 소음으로서의 텔레비전이나 라디오는 아이의 집중과 생각에 방해될 수 있습니다. 놀이에 몰입하고 탐색하는 것을 가로막기도 하죠. 아이 수준에서 이해할 수 없는 너무 많은 소리(언어, 효과음 등)는 정신적 에너지를 낭비하고, 언어 발달에 크게 도움이 되지도 않습니다. 게다가 부모-자녀 관계에도 영향을 줄 수 있습니다. 텔레비전이나 라디오 소리에 부모의 주의가 분산되면서 관계에 몰입하지 못하는 것이죠.

Q) 밥을 너무 안 먹어서 식사 때만 텔레비전을 보여주는데, 이것도 문제가 될까요?

밥을 먹거나 이를 닦을 때마다 미디어를 보여준다면 이것이 습관이 돼 무조건 요구할 가능성이 있습니다. 미디어를 보여주지 않으면 밥을 안 먹겠다거나 양치질을 안 하겠다는 식이죠. 아이가 마땅히 해야 하는 일, 즉 밥을 먹거나 씻는 것은 누군가를 위해 보상을 기대하고 하는 행동이 아님을 가르치는 게 우선입니다. 물론 꼭 필요할 때 가끔 활용하는 것은 큰 문제를 일으키지 않습니다. 아이가 아파서 입맛이 없다거나, 약을 먹어야 한다거나, 저체중이라 어떻게든 밥을 먹여야 한다거나, 외부에서 식사를 해 조용히 시켜야 한다거나 하는 등의 상황 말이죠.

3장

초등학생 공부와 미디어: 친구일까, 방해꾼일까?

김은주

[사례 1] 게임을 하느라 성적이 떨어진 민수

초등학교 4학년생 민수는 최근 스마트폰 게임에 푹 빠졌다. 방과 후 집에 오면 거의 매일 2~3시간씩 게임을 한다. 그 결과 게임 실력은 늘었지만, 학업 성적과 집중력은 점점 떨어졌다. 학교나 학원 수업 시간에도 자꾸 게임 생각이 나고 다음 레벨을 어떻게 깰지 고민하게 됐다. 선생님 말씀에 집중하지 못해서 설명을 놓치는 일이 많아졌고, 집에서 숙제할 때도 스마트폰을 확인하거나 게임하고 싶은 충동을 자주 느껴 30분이면 끝낼 수 있는 과제를 1~2시간 걸려 마치곤 했다. 게임하느라 공부에 집중하지 못해 학원 테스트 성적도 눈에 띄게 떨어졌다. 특히 긴 문장으로 된 수학 문제나 긴 글 독해처럼 집중력이 필요한 과제에서 어려움을 느끼고 있었다.

처음에는 크게 문제 될 것 같지 않았지만, 시간이 지날수록 지나치게 몰두하는 민수를 보며 부모님은 게임 중독을 걱정하기 시작했다. 텔레비전에 나온 소아정신과 의사의 조언에 따라 스마트폰 사용 시간을 줄이자고도 해봤지만 이 정도는 다 한다며 반발이 심하다. 민수는 게임을 그만두겠다고 약속하고도 결국 다시 스마트폰을 손에 쥐곤 한다. 그 모습을 볼 때마다 부모는 어떻게 해야 할지 막막하다.

[사례 2] SNS를 보면서 어휘력이 떨어진 혜진이

초등학교 5학년 혜진이는 최근 SNS에서 많은 시간을 보내고 있다. 친구들과의 메시지 교환(줄임말과 이모티콘 사용), 댓글 작성, 짧은 영상 시청에 하루 평균 3시간 이상을 쓴다. 혜진이는 초등학교 저학년 때까지만 해도 독서를 많이 하는 아이였지만, 최근 1~2년간 이런 방식에 익숙해지면서 긴 글을 읽거나 복잡한 문장을 이해하는 데 어려움을 느끼기 시작했다. 국어 숙제를 할 때 긴 문단 읽는 것을 힘들어하고, 글 속의 의미를 정확히 파악하지 못했다. 줄임말과 이모티콘에 익숙해져 교과서의 문어체를 이해하는 데는 시간이 더 걸렸다.

다양한 단어를 접하고 습득할 기회가 줄면서 혜진이는 새로운 단어를 이해하거나 문맥에 맞는 의미를 파악하기 힘들어했다. 글을 읽다가 모르는 단어가 나와도 찾아보지 않고 대충 넘겼다. 글을 쓸 때도 줄임말과 비형식적인 표현을 자주 사용하며, 문법상 올바른 글을 쓰는 데 어려움을 느끼고 있었다. 부모님 또한 딸의 문해력 저하에 큰 불안을 느끼고 있었다. 예전에는 책 읽기를 좋아했지만, 이제는 소셜 미디어에 빠져 짧은 글과 영상만 주로 보는 딸. 엄마는 혜진이가 문법적으로 올바른 글을 쓰지 못할 때마다 딸의 언어 능력이 점점 퇴보하는 것 같아 안타깝다.

위의 두 사례 속 부모님은 모두 아이가 디지털 미디어에 지나치게 의존하면서 학습 능력과 집중력이 떨어지는 것 같다며 속상해한다. 이런 우려로 부모를 비롯한 어른들은 아이들의 디지털 미디어 사용 시간 및 콘텐츠를 제한하려 하지만, 번번이 아이들의 반발에 부딪히고 만다.

이런 어른들의 걱정에도 불구하고 아이들은 왜 이토록 디지털 미디어에 매료되는 것일까? 특정 시기의 발달적 특징은 아이들이 디지털 미디어를 사용하는 방식과 그 영향을 결정짓는 중요한 요소다. 따라서 부모는 각 발달단계의 특성과 아동의 욕구 및 디지털 미디어에 대한 반응 특성을 잘 이해해야 한다. 초등학생 때의 발달 과제가 자기 조절 능력의 습득인 만큼 이 시기는 디지털 미디어 사용 조절력을 키우는 데 매우 중요하다.

이 장에서는 6~11세 초등학생의 발달단계의 특징과 디지털 미디어 사용의 영향에 대해 집중적으로 알아보고자 한다. 디지털 미디어와 관련된 청소년기의 문제가 후기 학령기인 5~6학년 부터 나타나는 사례가 종종 있긴 하다. 그렇지만 정서나 사회성 발달 측면의 문

초등학생 공부와 미디어: 친구일까, 방해꾼일까?

제들은 청소년기부터 더욱 가시화되므로 여기서는 간단히만 언급하고, 주로 초등학생 시기의 주요 이슈인 집중력, 문해력 등 기초 학습 능력을 더 자세히 다루고자 한다. 정서 및 사회성에 대한 심층적인 내용은 다음 장을 참고하길 바란다.

초등학생의 현실과 발달 과제

학교에 다니며 새로운 경험을 하는 초등학생 시기, 아이들은 인지적, 정서적, 사회적으로 크게 발전한다. 이 시기에 아이들은 집중력과 자율성을 키우고, 감정과 충동을 조절하는 법을 배우고, 친구관계를 형성하는 데 중요한 사회적 기술을 발달시킨다. 아이들은 학업과 과외활동, 또래관계 등에서의 성취로 자존감을 높이는 등 청소년기와 성인기로 나아가는 데 필요한 심리적 기초를 마련하게 된다.

인지 발달과 학습

초등학생 때는 전두엽이 발달하면서 집중력, 사고력, 실행 기능, 문제 해결 능력이 크게 높아진다. 이 시기의 아이들은 중요한 내용에 주의를 기울이도록 자기 자신을 통제할 수 있고, 부모의 개입이 줄어도 스스로 행동을 계획하며 조직화할 수 있다. 읽기, 쓰기, 학교 과제, 악기나 운동 등 규칙을 바탕으로 하는 과제들을 끈기 있게 배우는 과정은 숙달 및 만족감을 주며, 감정과 충동을 사회에서 용인하는 방식으로 표현하는 수단이 된다. 피아제의 인지 발달 이론 중 구체적 조작기에 해당하는 이 단계에서 아이들은 논리적 사고를 시작하지만, 여전히 구체적이고 직접적인 경험에 의존하기에 복잡하고 추상적인 개념을 이해하는 데는 제한이 있을 수 있다.

초등학생들은 질서 및 범주화에 관심이 많아져 물건과 아이템을 수집하거나, 정해진 규칙이 있는 보드게임을 하거나, 복잡한 설계도를 보고 모형을 만들곤 한다. 이러한 활동들은 기억, 분류, 전략 학습, 좌절에 대한 인내 강화 등을 훈련시켜주는 중요한 기회가 된다.

또한 초등학생들은 어른들의 가치관을 받아들여 규칙을 중요시하고, 잘못하면 벌을 받는다고 생각하는 경향이 강하다. 부모나 선생님 말씀을 잘 따르고 순종하고자 하며 타인의 규칙 위반에 민감하게 반응한다. 따라서 초등학생들은 어른의 명확한 지시와 절차가 있을 때 안정감을 느낀다. 규칙이나 절제를 가르치기 매우 적합한 시기다.

초등학교 고학년이 되면서 논리적 사고 및 문제 해결 능력이 성숙해짐에 따라 아이들은 현실의 다양한 측면을 이해할 수 있게 된다. 시간이나 돈 등 실제적인 제약에 대한 인식이 이뤄지고, 과거와 미래 같은 시간 개념 역시 잘 이해하게 된다. 일련의 단계를 따르고 마감 시간을 예측하며 공동의 목표를 위해 노력할 역량이 생기면서 아이들은 또래와의 집단 과제에 참여할 수 있게 된다. 이런 발달적 특징을 바탕으로 학령기 아동들은 부모와 큰 어려움 없이 잘 떨어지고,

초등학생 공부와 미디어: 친구일까, 방해꾼일까?

학교에 있는 동안 많은 양의 학업 지식과 기술을 습득하며, 학교의 가치와 규칙을 따르고 그룹 활동에 참여하는 등 엄청난 성취를 이룬다.

한편 초등학교 시기엔 유치원 때에 비해 스트레스가 커진다. 초등학생들은 앞서 기술한 인지 능력 발달을 바탕으로 다양한 과목 및 활동에 참여하고 이를 숙달하도록 요구받는다. 읽기, 쓰기, 운동처럼 쉽게 눈에 띄는 기술에 대한 수행을 어른에게 점검받고, 또래끼리도 서로의 능력을 가늠하며 집단 내 서열을 결정하는 교실의 환경은 수치심과 당혹감의 근원이 된다.

자기 조절 능력의 발달

초등학생이 학교생활에 잘 적응하려면 분리 및 수행 불안에 대처하는 능력과 정서적으로 흥분됐을 때 감정과 충동을 조절하는 능력이 필요하다. 학령기를 거치면서 아이들은 행동하기 전에 미리 결과를 생각하고, 감정에 휩쓸려 충동적으로 행동하지 않으려고 노력한다. 감정 및 행동 조절 능력이 크게 자라는 것이다.

초등학생들도 연령대에 따라 다른 모습을 보인다. 저학년인 6~8세 아이들은 자신의 감정과 행동을 조절하는 법을 배우기 시작하지만, 아직 서툴고 불안정해서 쉽게 욱하거나 울곤 한다. 이렇듯 자기 조절 능력이 불안정하고 발달단계상 규칙에 대한 태도에 융통성이 없다. 이 때문에 실패나 조금의 좌절만 있어도 자책하며, 자존감에 손상을 입기도 한다.

8~11세에는 6~8세 때보다 자기 조절 능력이 훨씬 향상되고, 타인의 다양한 생각을 이해하고 받아들이는 능력이 늘어나며 규칙에 대한 집착이 점점 유연해진다. 고학년인 11~12세에는 학습량이 많아지고 어려워지며 독립적으로 행동할 것에 대한 기대에 갑작스레 맞닥뜨리는데, 많은 아이가 이 시기에 요구되는 자기 관리 수준을 받아들이기 어려워한다. 그 결과 초등학교 고학년 때는 학습 의욕이 저하되고, 학업 성취 및 사회적 능력에 대한 자신감이 떨어지기도 한다.

사회성 발달과 또래관계 확장

친구들과 어울리면서 사회성을 키우는 것은 이 시기 아이들에게 매우 중요한 사회적 성취다. 초등학생 때는 도덕성 및 타인의 관점과 필요에 대한 인식이 발달하고, 자신의 불쾌한 감정 및 갈등을 점점 더 잘 인내하면서 좀더 공감을 드러내고 융통성 있는 태도를 보인다. 이러한 정서적, 사회적 발달을 기반으로 친구관계에 대한 욕구가 강해지며 대인관계의 폭도 넓어진다. 또래 집단의 서열, 즉 자신이 속한 집단 안에서 스스로 인지한 위치가 매우 중요해져서 또래의 성공이나 실패를 예민하게 자각하고 비교하게 된다. 교사나 친구들의 평가에 민감해지며 인정받지 못할 땐 열등감이 들고 자존감에 손상을 입기도 한다. 이 시기에 친구를 잘 사귀지 못하거나 괴롭힘을 당하면 외로움과 소외감을 느끼며, 청소년기, 나아가 성인이 되어서도 사회생활에 어려움을 겪을 수 있다.

부모-자녀 관계의 변화

초등학교 시기에도 부모의 사랑과 인정은 아동의 정서적 안정의 토대다. 그렇더라도 아이의 행복과 자존감을 위한 충분조건이 되지는 못한다. 게다가 고학년으로 갈수록 부모와의 친밀감은 줄고, 또래집단에 받아들여지고 싶어하는 욕구는 점점 더 강해진다. 아이들은 또래 및 가족 외의 어른들과 상호작용하면서 부모를 덜 이상화하고 좀더 현실적인 시각으로 보게 되며 자기 자신을 부모로부터 독립된 존재로 여기게 된다. 이는 아이에게 외로움과 상실감을 줄 수도 있다. 하지만 안정적인 애착관계는 아이의 자기 조절 능력과 사회적 유능감에 긍정적인 영향을 끼치며, 부모의 따뜻한 지지와 격려는 아이들이 학교생활에 적응하고 자립성을 키우도록 돕는다.

아이의 일상에 침투하는 미디어

디지털 미디어는 요즘 아이들의 생각과 상호작용, 성장 방식에 큰 영향을 미치고 있다. 다양한 플랫폼에서 흥미로운 콘텐츠가 제공되고 다른 사람과 소통할 기회도 무한하니 인지 및 정서 발달이 활발한 초등학생들이 쉽게 이끌리는 건 당연하다. 하지만 이 시기의 아이들은 전두엽 발달이 미숙해 정서적으로 불안정하고, 만족 지연 능력도 부족해 미디어 사용을 스스로 조절하기 어렵다. 그렇기에 어른들의 관리와 지도가 꼭 필요하다. 디지털 미디어의 과도한 사용은 초등학생들의 신체적, 정신적, 사회적 발달에 부정적인 영향을 미칠 수 있다. 심하면 의존이나 행위 중독과 비슷한 문제를 겪을 수도 있다.

디지털 미디어의 건강한 사용과 지나친 사용 간의 기준은 아직 명확히 마련돼 있지 않다. 디지털 미디어에서 접하는 콘텐츠가 향후 아동 청소년의 발달에 미치는 장기적인 영향에 대한 연구도 부족해 전문가들 사이에서도 의견이 엇갈린다. 따라서 부모나 교사들이 이런 이슈를 파악하고 균형 잡힌 시각을 가져야 한다. 아이들이 디지털 세상에서 건강하게 성장할 수 있도록 하려면 어른들이 적극적으로 도와야 한다.

짧아지는 주의 집중 시간, 그 이유는?

디지털 미디어가 집중력에 미치는 영향에 대해서는 논란이 많다. 현재까지 디지털 자극으로 인한 빠른 주의 전환이 아동 청소년의 주의력이나 정보 처리 능력에 어떤 장기적인 영향을 미치는지는 자세히 알려지지 않았다. 하지만 갈수록 과도하게 빨라지는 콘텐츠들이 주의나 학습에 문제를 일으킬 수 있음을 시사하는 연구들은 속속 발표되고 있다.

초등학생 공부와 미디어: 친구일까, 방해꾼일까?

디지털 미디어를 과도하게 사용하면 주의력이 분산되고, 작업 기억working memory 발달에 부정적인 영향이 갈 수 있다. 온라인 게임이나 소셜 미디어처럼 빠르고 단편적인 정보에 자주 노출되다보면 주의 집중 시간이 단축될 수 있고, 여기에 익숙해진 아이는 독서나 숙제같이 지속적인 집중력을 요구하는 과제에서 지루함을 느낄 수 있다. 이는 학습 능력 및 장기 기억 형성에 악영향을 주고, 깊이 있는 사고를 방해해 문제 해결 능력을 저해할 수 있다.

멀티태스킹의 함정

여러 미디어를 동시에 사용하는 '미디어 멀티태스킹'은 점점 더 낮은 연령대의 아이들에게 퍼져서 이제는 초등학생, 심지어 4세 이하의 아이들도 여러 과제를 한꺼번에 하곤 한다. 하지만 이런 현실과는 달리 신경과학자들은 멀티태스킹이 가능하지 않다고 일관되게 주장하고 있다. 인간의 인지 능력은 매우 제한적이라 우리 뇌는 한 번에 한두 가지 생각밖에 하지 못한다. 어떤 아이가 공부하면서 자주 SNS 메시지를 확인한다면, 그 메시지를 보는 시간뿐 아니라 주의를 다시 공부로 전환하는 데 걸리는 시간까지 손실되는 것이다. 이러한 '과제 전환'에 시간을 많이 쓰는 사람은 과제 수행 속도가 더 느리고, 실수가 잦고, 창의성이 덜하며, 자신이 하는 일을 잘 기억하지 못한다는 사실이 여러 연구로 증명되고 있다. 요즘 아이들은 깨어 있는 동안 평균 6분에 하나의 문자 메시지를 받거나 보낸다는 연구 결과가 있다. 그만큼 습관적으로 휴대폰을 확인하고, 산만한 디지털 자극에 노출되어 있는 것이다. 장기 추적 연구에 따르면 10대 초반에는 인터넷 사용이 집중력 저하를 일으키나 후반에는 그렇지 않다고 하는데, 이는 디지털 미디어의 악영향이 초등학생한테서 더 크다는 뜻이다.

한편 디지털 미디어가 일반 아동보다 집중력이 약한 ADHD 아동들에게 끼치는 영향에 대한 연구도 진행되었다. 코로나19 팬데믹 기간의 디지털 미디어 사용이 8~16세 ADHD 소아 청소년에게 미치는 영향에 대한 연구다. 이에 따르면 디지털 미디어를 과도하게 사용하는 ADHD 아이들은 그렇지 않은 아이들에 비해 더 심각한 증상, 부정적인 감정, 실행 기능 저하, 가족 기능의 어려움, 학습 동기 저하 등을 나타냈다. 이런 연구들은 ADHD 증상과 기능 문제를 잘 관리하기 위해서는 디지털 미디어 사용을 잘 감독해야 한다는 시사점을 준다.

잠이 부족한 아이들

해외 연구에 따르면 지난 100년간 아동의 수면 시간은 하루 평균 85분 줄었다고 한다. 적절한 수면은 발달에 매우 중요한데, 미디어 사용은 수면의 양과 질 모두에 부정적인 영향을 미칠 수 있다. 스마트폰의 블루라이트에 노출되면 수면 유도 호르몬인 멜라토닌 분비가 억제되고 신체적 각성이 높아진다. 그러면 잠들기 힘든 상태가 되어 수면 시간이 줄어든다. 수면이 부족한 아이들은 집중력이 저하되고 과잉행동을 하는 등 ADHD와 유사한 증상을 보인다는 데 학계의 이견은 없다.

또한 수면 부족은 기억력에도 나쁜 영향을 미친다. 잠을 자는 동안 뇌에서 그날 배운 내용을 장기 기억으로 옮기는 견고화 과정이 이루어지기 때문이다. 사고력, 판단력, 실행 기능을 담당하는 전전두엽은 수면 부족에 유독 민감하다. 잠을 적게 잘수록 집중력과 기억력이 나빠지고, 깊이 사고하며 관련성을 찾아내는 능력도 줄어든다는 것이다.

8세 이상 아동 청소년의 디지털 미디어 사용과 수면의 질에 대한 연구에 따르면, SNS 사용이 많거나 자기 방에서 모바일 기기를 사용하는 아이들은 밤에는 수면의 질에, 낮에는 학업 기능에 부정적인 영향을 받았다. 특히 ADHD 등의 신경 발달 질환이 있으면 문제가 일어날 가능성이 더 높고, 부정적 영향에도 더 취약하다. 이런 아이는 기저 질환을 적극적으로 치료해야 할 뿐 아니라 수면 위생도 잘 지키도록 지도해야 한다. 또 불안과 스트레스로 인한 과각성이 불면이나 다른 수면 문제를 일으키기도 하니, 아이에게 심한 스트레스가 있지는 않은지 눈여겨보고 도와주어야 한다.

놀 시간이 없는 아이들, 그리고 디지털 미디어

아이의 집중력을 높이는 가장 기본적인 원칙은 스트레스를 줄이고, 충분한 수면과 휴식을 취하게 하며, 운동을 격려하는 것이다. 이런 과정에서 시냅스 및 전두엽 발달, 자기 통제, 그리고 실행 기능에 도움을 주는 신경전달물질의 생성이 촉진된다.

모두가 이런 사실을 알고 있지만 지금 우리 사회에서는 실천하기가 어렵다. 우리는 어려서부터 더 많이, 더 오래 공부하라고 강요하는 문화에서 살아왔고, 그게 성공의 비법이라고 생각해왔다. 이런 분위기 속에서 아이들은 운동이나 놀이, 휴식 시간을 부모 세대만큼 가질 수 없게 되었다. 어릴 때부터 선행학습 경쟁으로 내몰리며 밤늦게까지 학원에 앉아 있고 잠을 줄이며 숙제하는 것을 자랑스럽게 느끼게끔 세뇌당한다. 스트레스를 풀기 위해 아이들은 SNS나 게임 등 디지털 세상에 빠져든다. 하지만 디지털 미디어 사용 시간이 길어질수록 아동 청소년의 우울, 불안 수준이 높아질 수 있다는 연구 결과가 여럿 있다. 스트레스 해소를 위한 활동이 오히려 스트레스와 정서 문제를 악화시키는 악순환으로 이어지는 것이다.

초등학생 때는 놀이가 정서 안정 및 사회성 발달뿐 아니라 집중력의 토대까지 된다. 어린 시절 누군가의 강요 없이 스스로 선택한 놀이를 하는 경험을 하면 아이들은 좋아하는 것에 집중하면서 몰입하는 즐거움을 알게 된다. 인간은 본성적으로 외재적 동기보다 내재적 동기를 따를 때 어떤 일에든 더 잘 집중하고 일을 지속할 수 있기 때문이다. 하지만 주어진 과제를 하기에도 벅찬 요즘 아이들은 어떤 일이 내게 재미있거나 의미 있는지 알아낼 시간조차 박탈당하고 있다. 이런 상황에서는 집중력을 기르는 데 중요한 내재적 동기를 찾기가

초등학생 공부와 미디어: 친구일까, 방해꾼일까?

매우 어렵다. 학교나 학원에서의 학습 경험이 따라가기 벅차다는 느낌으로 점철되고 자기가 원하는 것을 찾아 몰입할 시간이 없으니 집중하기 어려운 것이다.

『불안세대』의 저자인 조너선 하이트는 최근 어린이와 10대들의 우울과 불안이 증가하는 이유 중 하나가 놀이의 박탈이라고 주장한다. 아이들은 놀이를 통해 예기치 못한 상황에 대처하는 능력을 습득한다. 그런데 요즘처럼 모든 활동이 어른의 지도하에 이루어지면 뭔가를 스스로 할 수 있다는 생각을 하지 못하고, 자기 혼자서는 상황에 대처할 수 없다고 느끼게 된다는 것이다. 하이트는 이것이 아이들의 유능감을 손상한 탓에 불안이 폭증한 것이라고 주장한다. 마음이 불안하면 당연히 집중력이 나빠진다. 아이들의 스트레스, 우울, 불안이 디지털 미디어의 과사용과 관련 있다는 결론을 내놓은 연구는 수도 없이 많다.

카메라로 찍고, 머릿속에서 지우다

최근 사람들의 기억력이 감소하는 경향이 있다. 사람들이 기억하려는 인지적 노력을 점점 덜 하기 때문이다. 요즘에는 '카메라로 찍기'가 일종의 외부 기억장치로서 사람들의 기억력을 대체하고 있다. 필요한 정보가 휴대폰에 다 저장되어 있으니 기억할 필요를 못 느끼는 것이다. 이에 자신이 실제보다 더 많이 기억한다고 착각하며 스스로의 능력과 스마트 기기의 기능을 점점 더 모호하게 구분하는 경향이 있다. 하지만 인류가 스마트폰을 사용한 지는 채 20년도 되지 않았다. 이런 기억 양상의 변화가 인간 뇌의 구조와 기능에 어떤 장기적 변화를 일으킬지에 대한 연구는 아직 턱없이 부족하다. 외부 기억장치 활용은 아이들에게도 큰 영향을 미칠 수 있는 만큼 앞으로도 집중적으로 연구해야 한다.

읽기 능력은 퇴보하고 있을까

디지털 미디어 사용이 기하급수적으로 늘면서 전통적인 방식의 독서는 줄고 있다. 문해력 연구에 따르면 최근의 읽기는 '전통적인 읽기'와 '디지털 읽기'의 두 유형으로 나뉜다. 독서의 표준인 '깊이 읽기deep reading'는 가장 깊이 집중하고 몰입하는 방식으로 내용 비교 및 비판적 사고력을 필요로 한다. 반면 디지털 미디어에서는 글을 재빨리 훑어 필요한 정보만 뽑아내는 '훑어보기to skim to inform' 방식을 쓸 때가 많다. 전통적인 읽기가 디지털 읽기로 대체되기 시작하면서 이런 훑어보기 스타일이 읽기의 새로운 표준이 됐다. 이것이 종이 책을 읽는 방식에까지 영향을 미쳐서 긴 글을 읽거나 더 깊이 들어가는 읽기 능력은 감소하고 있는 것 같다.

같은 내용을 종이책과 디지털 매체로 제공해 대조한 연구에 따르면, 후자에서 사람들의 이해도가 더 떨어지고 기억하는 내용도 더 적

초등학생 공부와 미디어: 친구일까, 방해꾼일까?

었다. 아이들은 글을 빨리, 대충 읽을수록 이해한 내용이 더 적어진다. 자연스레 어렵거나 복잡한 내용을 붙잡고 늘어질 참을성이 줄고 단순한 문장을 선호하게 된다. 게다가 디지털 콘텐츠 자체도 문해력 발달에 부정적인 영향을 미친다. 짧고 흥미 위주인 콘텐츠는 비판적 사고력, 주의 집중력, 읽기 유창성, 정보 회상 능력 등을 저하하고 감각 과부하로 인해 읽기에 피로감을 불러일으키기 때문이다.

한편 독서는 겪어보지 못한 다른 세상을 간접적으로 경험하는 일이기도 하다. 우리는 소설을 읽으면서 인물들의 삶과 경험을 상상하고, 타인의 생각과 감정, 동기를 이해하며 공감한다. 현실에서 다른 사람을 이해하려 할 때와 별반 다를 바 없는 인지 과정이다. 뇌 영상 연구에 따르면 '깊이 읽기'에서는 사고력 및 비판적 분석력, 집중력의 뇌인 전두엽뿐 아니라 감정과 운동, 공감 능력을 관장하는 영역까지 활성화된다고 한다. 동화책이나 영화를 많이 보는 아이들은 공감 능력이 좋지만, 길이가 짧은 TV 프로그램을 보는 아이들은 그렇지 않다는 보고도 있었다. 토막 난 부분 부분으로 세상을 바라볼 때는 이야기의 상황과 인물의 심리 상태에 오랜 시간 집중할 때만큼 공감하기 어렵다는 의미다.

디지털 읽기, 정말 나쁘기만 할까?

그렇다고 디지털 매체를 통한 읽기 학습에 단점만 있는 것은 아니다. 여기에 무조건 반대하는 것은 시대에 뒤떨어지는 대응이다. 최근 디지털 매체와 종이 인쇄물의 읽기 효과 비교를 주제로 2000년부터 2023년까지 발표된 연구 88건을 검토한 연구자들이 있었다. 그들은 아동의 연령, 다중언어 학습 여부, 학습 장애 여부 등 대상 아동의 특성과 읽기 과제의 텍스트 유형(정보성 글/서사적 이야기), 읽기 방법, 디지털 보강 기능(애니메이션, 상호작용 콘텐츠) 등 여러 변수가 결과에 어떤 영향을 미치는지를 검토했는데, 긍정적인 영향도 분명 존재했다. 이 논문은 읽기 효과 면에선 디지털 매체가 종이 인쇄물에 비해 항상 불리하다는 '화면 열세 효과'를 지지하지 않았다. 초등학교 1~3학년이 이야기 텍스트를 이해하고 어휘를 학습하는 데는 디지털 매체가 더 효과적이었으며, 상호작용 기능은 독서 참여도를 높이는 경향이 있었다. 4학년 이상은 정보성 텍스트 조건에서는 인쇄물을 제공할 때 학습 성과가 더 나았지만, 이야기 텍스트 조건에서는 두 매체 간에 큰 차이가 없었다.

정보성의 긴 텍스트를 읽거나 시험을 준비할 때처럼 복잡한 정보 처리, 심층적 이해 및 분석, 주의력 유지가 필요한 상황에서는 인쇄물이 디지털 매체보다 더 효과적인 것이다. 정보성 텍스트 학습에 인쇄물이 더 효과적인 이유는 물리적인 구조가 있어 텍스트의 전체 맥락과 위치를 쉽게 파악할 수 있고, 깊이 있는 읽기가 유도돼 복잡한 정보를 효율적으로 처리할 수 있기 때문이다. 또한 인쇄물에는 디지털 매체의 알림, 스크롤링, 하이퍼링크 등 집중력 방해 요소가 없어 집중을 유지하기 쉽다. 하지만 인쇄물은 정보 접근성이 낮고 검색이 비효율적인 것에서 시작해 상호작용과 참여도 부족, 학습의 개인화, 실시간 피드백 제공의 어려움, 시청각 자료와 멀티미디어 통합의 어려움, 학습 장애 및 다국어 학습자 지원의 한계, 환경적 부담과 비용적 비효율성 등 단점을 가진다.

한편 디지털 매체는 참여도 및 동기 부여가 중요한 학습이나 개인화된 학습에 유리하고, 시청각 자료 활용의 편리성이나 접근성, 상호작용성 등의 강점을 가진다. 학습자 및 과제의 특성에 따라서는 오히려 학습 동기를 강화하거나 자기 주도 학습을 지원할 수 있다. 특히 어리거나 학습 장애를 가진 학생, 다양한 정보를 동시에 탐색해야 하는 상황의 학생이라면 디지털 매체를 효과적으로 사용했을 때 학습 경험이 더 풍부해지고 흥미로워질 수 있다.

요컨대 디지털 미디어가 읽기에 미치는 영향은 사용 시간, 콘텐츠, 학습 목적에 따라 달라지니 적절히 시간을 제한하고 양질의 콘텐츠를 선택해야 한다. 초등학생한테는 어디까지나 보조 도구로 활용하고, 인쇄물 읽기와의 균형을 맞추도록 지도하는 게 중요하다.

어떻게 조화를 이룰까

디지털 미디어는 학습의 도구가 될 수도 있고 방해물이 될 수도 있다. 발달 수준에 잘 맞는 교육용 앱과 온라인 자료를 활용하면 학습 경험을 개별화하고 학습 동기를 향상할 수 있다는 연구 결과도 많다.

양질의 교육 콘텐츠는 읽기와 수학 등의 영역에서 인지 발달을 도울 수 있다. 아이의 학습 속도에 맞춰 콘텐츠가 달라지는 상호작용 앱은 학교에서의 학습을 효과적으로 보조할 수 있다. 반면 비교육적인 콘텐츠의 과도한 이용은 독서와 운동, 또래와의 상호작용 등 다른 활동에 쓸 수 있는 시간을 감소시켜 학업 성취는 물론 전반적인 인지 발달에도 부정적인 영향을 줄 수 있다. 지나치게 게임 중심으로 미디어를 사용하다보면 학습보다 오락에 집중하게 돼 학습에 대한 집중력이 떨어지기도 한다. 각 매체의 특성 및 아이의 연령대, 학습 목표 등을 모두 고려한 균형 잡힌 전략으로 학습을 지원하길 권한다.

아이의 특성에 따른 읽기 교육 전략

디지털과 인쇄물, 읽기 교육의 균형 찾기

위 연구에서 살펴봤듯이 초등학생들을 위한 읽기 교육 전략은 학습자의 연령과 매체의 장단점을 고려해 설계할 수 있다. 저학년에서는 상호작용 요소가 들어간 스토리북 등으로 아이의 흥미를 유발하고 어휘력 및 읽기 기술을 성장시킨다. 그러는 한편 디지털 매체로 학습한 내용을 인쇄물로 정리하거나 종이책 읽기 연습을 병행하도록 지도해 디지털 매체를 보완하고 집중력과 읽기의 깊이 및 유창성을 강화하면 좋다. 예를 들면 디지털 매체로 이야기 텍스트를 읽은 뒤 인쇄물로 해당 이야기의 내용을 요약하게 하는 것이다. 반대로 고학년에서는 종이 인쇄물을 중심으로 정보성 텍스트를 학습하도록 해 체계적이고 심층적인 읽기 및 비판적 사고를 훈련한다. 이때 TTS Text-to-Speech, 텍스트 음성 변환, 단어 사전 등 디지털 매체의 보조 기능을 활용해 편의와 효율성을 높일 수 있다. 예컨대 과학 텍스트를 인쇄물로 읽은 뒤 디지털 자료에서 추가적인 그림과 설명을 확인하게 하는 것이다.

어떻게 조절할까

디지털 미디어 사용과 인지 기능의 관계를 논하는 거의 모든 책이 아이들의 디지털 미디어 사용 시간을 제한하라고 권고한다. 휴대폰 알림을 끄고, 불필요한 앱을 지우고, 꼭 써야 할 앱은 사용 시간을 미리 정하라는 것이다. 또 메시지는 시간을 정해서 하루에 몇 번만 확인하고 나머지 시간에는 무시하라고 한다. 휴대폰을 확인하고 싶어지면 10분만 기다리라는 '10분 규칙'이나 스마트 기기를 정해진 시간만큼 금고에 넣어두는 방법, 인터넷 차단 등도 흔히 권고되는 전략이다.

또한 디지털 미디어를 과도하게 사용하게 하는 내적 동기는 불편한 감정일 때가 많으니 그 감정을 이해하고 다뤄야 한다. 요즘 회자되는 'FOMO Fear of Missing Out' 현상이 대표적이다. 어떤 정보를 자기만 모르는 상황을 두려워하는 것인데, 이는 자기만 소외될지 모른다는 인간의 본능적인 두려움을 자극해 스마트폰을 강박적으로 확인하게 만든다. 또래관계에서 소외되는 것을 다른 무엇보다 더 두려워하는 아동 청소년기에 이런 감정을 다루는 방법을 교육하면 디지털 미디어 중독을 예방하는 데 큰 도움이 된다.

부모는 이런 일반적인 가이드라인 외에 아동의 연령대 및 ADHD, 자폐 스펙트럼 장애, 난독증 등 질환에 수반되는 특별한 주의점도 잘 알고 개별적인 특성에 따라 지도해야 한다.

ADHD 아동을 위한 디지털 미디어 사용 전략

디지털 매체의 짧고 상호작용적인 학습 콘텐츠와 즉각적인 피드백은 ADHD 아동의 주의집중, 학습활동에 대한 동기 및 참여도를 높일 수 있다. 또한 5분 단위로 간단한 퀴즈를 제공하는 등 학습을 짧은 시간 단위로 나눔으로써 부담을 덜어줄 수 있다. 그러나 동시에 집중력을 방해하는 요소가 많아 산만한 자극에 취약한 ADHD 아동의 학습 효율성을 떨어뜨릴 위험도 있다. 반면 인쇄물은 단순하고 정적인 환경을 제공해 이런 아동들이 집중력을 유지하고 정보를 처리하는 데 유리할 수 있다. 따라서 ADHD 아동의 읽기 및 학습 능력을 향상시키고 싶다면 과제의 특성과 텍스트 유형에 따라 디지털 매체와 인쇄물을 적절히 병용해야 한다.

특히 ADHD 아동은 질환 특성상 디지털 미디어 사용에 지나치게 몰입해 자극에 과도하게 노출될 가능성이 높다. 이를 관리하기 위해

초등학생 공부와 미디어: 친구일까, 방해꾼일까?

서는 명확한 가이드라인이 필요하다. 먼저, 디지털 미디어 사용 시간은 하루 1~2시간 이내로 제한한다. 한 번에 25~30분 단위의 짧고 집중적인 학습 세션을 갖고, 쉬는 시간에는 신체 활동으로 에너지를 발산하거나 휴식을 취하는 것이 좋다. 디지털 미디어는 산만함을 줄여주는 조용한 환경에서 이용해야 하며 학습 목표를 명확히 설정한 뒤 그에 맞는 교육적이고 구조화된 콘텐츠를 제공하는 게 좋다. ADHD 아동은 보상에 민감하니 즉각적인 보상이 있는 콘텐츠나 창의력을 키우는 앱이 동기 부여에 효과적이다. 주말이나 방학에는 운동, 놀이, 예술 활동 등으로 디지털 디톡스를 하길 권한다.

디지털 미디어는 적절히 관리하면 ADHD 아동의 학습을 도울 수 있으나, 과도하게 사용하면 부정적인 영향을 미칠 수 있다. 따라서 균형 잡힌 접근이 중요하다. 아이가 디지털 미디어 사용 계획을 세우고 점검하도록 지도하고, 그 결과를 확인한 뒤 긍정적인 피드백을 제공하면 올바른 습관을 형성할 수 있을 것이다.

난독증 아동을 위한 디지털 미디어 사용 전략

디지털 매체의 읽기 보조 기능, 난독증 친화적 인터페이스, 멀티모달multimodal 학습, 맞춤형 학습 콘텐츠 등은 난독증 아동의 읽기를 보조해준다. TTS, 단어 강조, 읽기 속도 조절과 같은 기능은 읽기 부담을 줄이고 읽기 과정을 지원해준다. 그와 함께 짧은 텍스트나 간단한 정보성 텍스트를 읽을 때는 인쇄물을 사용하는 식으로 학습자의 부담은 줄이고, 실제와 비슷한 읽기 연습의 기회는 늘릴 수 있다.

서양에서는 '디슬렉식Dyslexic'이나 '오픈디슬렉식OpenDyslexic'과 같은 난독증 친화적 글꼴, 글자 크기와 색상 대비를 조정하는 기능이 있는 앱 등으로 가독성을 높이기도 한다. 난독증 아동에게는 텍스트와 이미지, 비디오, 오디오를 함께 활용해 학습 내용을 다양한 방식으로 이해할 수 있는 멀티모달 콘텐츠를 추천한다. 예를 들면 '칸 아카데미 키즈Khan Academy Kids'가 그렇다. 우리나라에는 이런 읽기 특화 프로그램이 서양에 비해 드문 편이다. 그렇지만 저학년 아동이 친근하게 느끼는 캐릭터가 나오고, 화면 전환 속도나 시청각 자극이 지나치지 않으면서 동기 부여를 위한 간단한 보상이 제공되도록 설계된 앱으로 집중력과 학습 동기를 높일 수 있다. 아이의 학습 수준과 속도에 맞춰 읽기 난이도가 조정되는 프로그램까지 활용하면 금상첨화다.

자폐 스펙트럼 장애 아동을 위한 디지털 미디어 사용 전략

자폐 스펙트럼 장애Autism Spectrum Disorder, ASD 아동에게도 디지털 미디어가 도움이 될 수 있다. 정보를 시각적, 체계적으로 전달하는 디지털 미디어는 학습에 도움이 된다. 언어 발달이 지연된 아이에게는 보완 대체 의사소통Augmentative Alternative Communication, AAC과 같은 의사소통의 도구로 활용되기도 한다. 또한 자폐 스펙트럼 장애를 가진 아이는 질환 특성상 특정 주제에 깊이 빠져들기에, 자신에

99
—
초등학생 공부와 미디어: 친구일까, 방해꾼일까?

게 익숙한 콘텐츠에서 정서적 안정감을 찾을 수도 있다. 그러나 이들은 본인의 관심사인 특정 콘텐츠에 지나치게 몰입하거나 미디어에 의존하게 될 수도 있다. 디지털 미디어를 과도하게 사용하다보면 사회적 상호작용 기회가 오히려 줄어들 수 있다는 것도 문제다. 게다가 빠른 화면 전환과 강한 시청각 자극은 자폐 스펙트럼을 앓는 아이의 감각 예민성을 자극해 감각을 과부화시킬 수 있다.

자폐 스펙트럼 장애가 있는 아이는 주의력 문제를 함께 가지고 있을 가능성이 크니 ADHD 아동의 가이드라인을 참고하면 좋다. 거기에 콘텐츠는 교육적이며 감각 자극이 적은 것으로 선택하고, 사회적 기술 학습 앱으로 대면 상호작용까지 보완하면 도움이 된다. 자폐 스펙트럼 장애 아동의 디지털 미디어 사용은 사회적 기술 학습 및 오프라인 활동으로 연결될 때 발달에 긍정적인 영향을 줄 수 있다.

생성형 AI가 만들어주는 새로운 길

2022년 11월 챗GPT가 출시되면서 생성형 AIGenerative AI, GAI를 초등학생 교육에 활용하는 것에 대한 연구와 논란이 많았기에, 이 부분도 짚고 넘어가려 한다.

생성형 AI는 학생 개개인의 학습 스타일과 속도에 맞는 맞춤형 학습 콘텐츠를 제공할 수 있다. 부모가 입력한 아이의 성향에 대한 정보를 AI가 분석해 적합한 학습 방법을 추천하고, 교사들도 이를 참고해 개인별로 학습 자료를 제공하는 식이다. 또한 생성형 AI는 어려운 개념을 탐구하고 질문을 생성하도록 유도하며, 답변이나 피드백을 즉각적으로 내놓아 학업에 대한 흥미나 자신감을 높일 수 있다. 시청각 자료를 곧바로 생성하는 기능은 문자, 숫자 놀이, 간단한 이야기, 수학 퍼즐, 게임 등 창의적인 활동을 생성해 반복 학습을 보조한다. 아이들의 학습 데이터 및 진도에 기반한 맞춤형 가정 학습 활동을 추천함으로써 일관된 학습 환경을 조성할 수도 있다.

그러나 이것이 학습에 긍정적이기만 한 것은 아니다. 생성형 AI에 과도하게 의존하면 독립적인 문제 해결 능력과 비판적 사고력이 저해될 수 있다. AI의 정답에만 의존하거나 생성된 콘텐츠를 자기 것으로 인식하지 않는다면 학습 능력에 대한 자신감이 오히려 줄어들 수 있다. 초등학생들이 생성형 AI를 과제 수행에 활용하면서도 학업 자신감을 유지하게 하려면 어른들의 모니터링과 지도가 매우 중요하다.

이를 위해 AI와 학생의 역할을 명확히 구분해야 한다. 인공지능은 과제를 '대신' 해주는 도구가 아니라 사고 과정을 '보조'하는 도구이며, 과제는 스스로 해야 한다고 강조하는 게 중요하다. 교사의 중재도 꼭 필요한데, AI의 피드백을 비판적으로 점검함으로써 학생들이 너무 의존하지 않도록 해야 한다. 아울러 인공지능 없이 과제를 해결할 기회를 주어 학생들이 자기 능력을 확인하고 성취감을 느낄 수

초등학생 공부와 미디어: 친구일까, 방해꾼일까?

있도록 해야 한다. 인공지능 사용 전후의 결과물을 비교하며 성장을
스스로 확인하도록 하는 활동도 효과적이다. 마지막으로, 사용 가이
드라인을 제공해 AI에 전적으로 의존하지 않도록 교육해야 한다. 그
러면 AI와 자신의 역할을 구분하는 건 물론 메타인지 능력까지 기를
수 있다. 초등학생들은 비판적 분석력이 부족하니 생성된 콘텐츠가
적절하고 윤리적인지 철저히 검토해야 한다. 아동의 개인정보가 유
출되거나 오용되지 않도록 강력한 보호 조치를 취하는 건 필수다.

알고리즘 속 아이들을 구하라

이런 권고 사항을 지키는 것뿐 아니라 더 큰 시스템의 문제를 해
결하는 데에도 힘써야 한다. 빅테크 기업의 사업 모델에 기반한 경제
시스템을 바꾸는 건 불가능하니 개개인의 행동을 바꾸는 데 주력하
는 게 최선이라는 주장을 우리는 너무나 당연하게 여긴다. 그러나 이
런 개인적인 접근법에는 분명 한계가 있다. 그 점을 솔직히 인정하고
아이들에게 안전한 시스템을 만들기 위해 노력해야 한다.

세계에서 가장 똑똑한 사람들이 이용자들의 주의력과 시간을 자
신의 플랫폼으로 최대한 많이 끌어오겠다는 의도로 휴대폰과 앱을
설계한다. 수많은 웹사이트와 앱은 아이들이 게임의 아이템이나 스
코어, '하트'와 '좋아요'를 갈망하게 만든다. 알고리즘으로 인간을 조
종하고 즉각적인 보상을 제공하는 온라인 세계에 길들여지다보면
느린 현실 세계에 집중하고 지연된 보상을 기다리는 일은 점점 힘들

어질 수밖에 없다. 주의력을 침해하도록 설계된 환경에서 집중하기란 몹시 어려운 일이다. 자제력이 약한 초등학생들에게는 특히 그렇다. 학업량과 스트레스가 과도하고 놀이와 수면은 부족한 이 시대의 어린이들에게 미디어 조절의 어려움까지 탓하는 건 너무 잔혹한 일이다.

이런 문제의식을 가진 어른들이 적극적으로 요구하고, 그 요구를 달성할 때까지 포기하지 않아야 변화를 이끌어낼 수 있다. 부모와 교사, 정책 결정자들이 협력해 아이들이 집중력을 덜 뺏기고 절제할 수 있도록 플랫폼을 재설계해야 한다. 정부는 기업을 규제하여 지금과 다른 사업 모델을 마련하도록 해야 한다.

아이들의 스마트폰 70일 안 쓰기 도전

몇 년 전 나는 KBS 「시사기획 창」에서 기획한 스마트폰 디톡스 프로그램에 자문으로 참여했다. 학기 초 70일간 스마트폰 사용을 절제하는 것이었는데, 일산의 한 중학교에서 참여할 학생을 모집했다. 총 7명이 자발적으로 지원했고, 비교를 위해 이들과 학교, 성별, 학년이 같으면서 스마트폰은 평소처럼 사용하는 학생 7명도 대조군으로 참여시켰다. 지원자들은 스마트폰을 교장 선생님께 반납하고, 인터넷 기능 없이 통화만 되는 휴대폰을 받아 썼다. 디지털 미디어는 하루 1시간 어른의 감독 아래 컴퓨터로 확인하는 정도로 절제했다. 그런 뒤 참가자들의 집중력, 정서, 가족관계 등에 어떤 변화가 생기는지 알아보기로 했다. 뇌 연구를 하는 나의 임무는 스마트폰을 70일간 절제한 뒤 이 아이들의 전두엽 기능에 어떤 변화가 생기는지를 기능적 분적외선 분광법functional Near Infrared Spectroscopy, fNIRS 뇌 영상 기기로 측정하는 것이었다.

실험군과 대조군은 참가 전 인지 기능, 주의 집중, 스마트폰 중독, 일상 스트레스, 우울 및 불안 등의 지표에서 비슷한 수준을 보였다. 여러 측면에서 유사한 두 집단의 중학생이 스마트폰을 쓰느냐 안 쓰느냐에 따라 어떻게 달라지는지 지켜보는 건 무척 흥미로운 일이었다. 프로그램이 진행되는 동안 참가자들은 예전이라면 스마트폰을 사용했을 시간에 잠을 자고 운동하고 가족과 대화하고 여가와 독서를 즐겼다. 부모님과 학교 선생님들도 본인들의 미디어 사용을 절제하며 모범을 보였다.

70일 뒤 사고력, 충동 억제, 자기 조절에 관여하는 전두엽 기능을 측정해 스마트폰 사용을 중단했던 학생들과 그렇지 않았던 학생들 사이의 전두엽 기능 변화를 보았다. 뇌 영상을 찍어보니 실험군의 전두엽 기능이 대조군보다 향상되어 있었다. 학생과 부모님을 대상으로 한 설문 조사에서는 집중력이 가장 큰 변화를 보였다. 실험군의 학생과 부모 모두 스마트폰을 절제한 뒤 학생의 집중력이 향상됐으며 수면의 질도 좋아졌다고 답했다.

또 다른 긍정적인 변화는 가족관계에서 나타났다. 설문 조사 결과를 보면 스마트폰 절제 이후 '가족 적응성'이 유의미하게 좋아졌다.

이는 가족이 규칙을 세워 유지하고 상황에 따라 융통성 있게 변화하는 정도를 의미하는 지표로, 자녀가 스마트폰을 절제하는 상황에 부모가 함께 참여해 규칙을 세우고 환경을 바꿔나가면서 대화 시간이 늘어난 덕분에 증가한 듯 보인다. 학생들의 공격성과 반항 행동이 줄었다는 보고도 있었다.

부모와 아이가 함께

'소아 청소년에게 자율성을 부여하면서도 디지털 미디어의 부정적인 영향은 최소화하려면 어떻게 해야 할까'라는 주제는 오랫동안 중요한 이슈가 되어왔다. 그러기 위해서는 아이들이 집중력, 자기 조절, 비판적 사고력을 키울 수 있도록 교육해야 한다.

주 양육자의 미디어 사용은 향후 자녀의 미디어 습관을 강력하게 예측한다. 부모가 모바일 기기를 많이 사용하면 부모-자녀 간 상호작용 및 소통이 줄어들고 정서적 유대감이 약해질 수 있다. 부모와의 애착이 건강한 인지 및 정서 발달의 토대가 되는 만큼, 부모가 미디어에 빠져 아이에게 집중하지 못하면 자녀의 발달에 심각한 문제를 일으킬 수 있다. 게다가 부모가 디지털 미디어를 과도하게 사용하면 아이들도 자연스럽게 따라 하게 된다. 따라서 주 양육자가 자신의 디지털 미디어 사용을 줄이고 부모-자녀 상호작용을 강화하는 게 몹

초등학생 공부와 미디어: 친구일까, 방해꾼일까?

시 중요하다. 추가로 초등학생 때는 아이를 자율적으로 양육하되 양질의 미디어 콘텐츠를 골라주고, 부모 통제 소프트웨어 등으로 자녀의 미디어 사용 행태를 모니터링할 것을 권한다.

이러한 지침을 실행하는 데 어려움이 있을 것으로 예상된다면 전문가와의 상담을 통해 해결 방안을 함께 의논해보자. ADHD, 우울증, 강박증, 사회 불안, 중독 등 정신병리가 있을 때 자기 절제를 더 어려워하는 만큼, 미디어 사용 문제가 상식 선을 넘었다면 꼭 전문가를 찾아 기저 질환이나 증상이 있는지 찾아내고 치료해야 한다.

초등학생들은 점점 더 독립성을 추구하면서 더 많은 자유를 요구해올 수 있다. 그러나 이 시기의 아이들은 아직 미숙하며 온라인 세계를 안전하게 탐색하려면 어른들의 도움이 있어야 한다. 초등학생 때는 자율과 감독의 균형으로 자기 조절 능력을 향상시키는 게 중요하므로, 그러기 위해 규칙을 지키는 훈련을 해야 한다. 이런 과정을 통해 확립한 건강한 습관은 향후 청소년기에 더 큰 유혹을 이기게 해줄 튼튼한 토대가 될 것이다. 특히 미디어 사용과 기타 활동의 균형을 모델링하는 데 부모의 역할이 크다는 걸 인식하는 게 중요하다. 자녀의 연령과 건강, 기질, 발달단계에 주의를 기울이고, 식사, 수면 위생, 신체 활동, 사회적 상호작용 등 건강한 성장과 발달을 위해 필수적인 요소들을 경험하는 데 방해가 되지 않는 범위 내에서 사용하도록 지도해야 한다. 아이의 특성을 고려해 개별화된 미디어 사용 계획을 세우는 것도 중요하다.

중독되는 아이들

가장 중요한 것은, 아이들에겐 기본적인 욕구가 있으며 이런 욕구를 잘 충족할 수 있는 환경을 조성하는 게 우리 일이라는 것이다. 어린 시절에는 자유롭게 놀고, 책을 읽고, 집중하고자 하는 유의미한 일을 찾고, 신체적인 활동을 하고, 충분히 자고, 애착과 안정감을 느껴야 한다. 하지만 우리는 지금 아이들을 자유롭게 놀지 못하게 하고 있다. 전자기기를 이용하는 것 외에는 별로 할 게 없는 집 안에 가두고 있다. 대부분의 아이가 지루해하는 학교, 수면 부족과 과로, 지나치게 빠른 데다 SNS로 추적되며 학업 스트레스 및 과각성 상태가 지속되는 환경으로 몰아넣고 있다. 이런 환경에서 아이들이 건강하게 발달하긴 어려울 것이다.

　아직 현재와 같은 형태의 디지털 미디어 기술이 아이들에게 어떤 영향을 미치는지에 대해 밝혀진 것은 많지 않다. 그러니 아이들을, 그중에서도 어린아이들을 보호해야 한다. 초중등학교 내 휴대폰 사용 금지 조치를 내린 프랑스 교육부 장관의 말을 인용하면서 글을 맺고자 한다. 이 일은 아이들의 건강과 미래가 달린 일이므로 우리에겐 '실패할 권리가 없다'.

4장

중독에 취약한 청소년의 뇌

박성열

청소년기의 시작, 사춘기

아이가 툭하면 짜증을 낸다. 학교가 끝나면 엄마 옆에 앉아 오늘 있었던 일들을 조잘조잘하던 아이가 방에 들어가 방문을 닫아버린다. 말 걸기 무서울 만큼 찬바람이 분다. 그러다가도 어떤 날은 엄청나게 들떠서 온갖 이야기를 늘어놓기도 한다. 허황한 꿈 얘기를 하면서 의욕이 넘치기도 하고, 사소한 실패에 좌절하고는 비관에 빠져 축 처져 있기도 한다. 무뚝뚝하고 반항적이지만 친구들 앞에서는 완전히 다른 사람처럼 상냥해지기도 한다. 그러는 한편 친구의 말이나 행동 하나에 감정이 쉽게 요동치고, 그것을 숨기기 위해 허세를 부리거나 무심한 척하기도 한다. 예상치 못한 상황에 감정이 폭발하기도 하며 충동적인 결정이나 행동으로 부모를 놀라게 하기도 한다. 드디어 때가 온 것이다. '사춘기'!

언젠가는 올 일이라는 것을 알았고, 그런 모습을 잘 이해해주는 부모가 되리라는 다짐도 늘 해왔다. 그렇지만 막상 겪어보니 이해가 안 됐다. 그 전에도 아이가 힘들게 할 때면 '벌써 사춘기인가' 하고 생각했지만, 실제로 맞닥뜨려보니 '그때는 사춘기가 아니었구나' 하고 깨닫게 됐다. 영화 「인사이드 아웃 2」에는 난데없이 '사춘기' 경보가 울리면서 혼란에 빠지는 감정 본부의 모습이 묘사돼 있다. 주인공 라일리의 감정 제어판이 예민해져서 가벼운 조작에도 과도한 감정 반응이 나타난다. 어머니는 그동안 이 시기에 대비해 준비해왔던 멘트를 꺼내보지만, 전혀 통하지 않는다.

여자아이는 11~13세쯤, 남자아이는 12~14세쯤 겪는 시기다. 이때는 일시적으로 주의력, 기억력, 문제 해결력 등 인지 능력과 정서 조절 등 전반적인 조절 기능이 저하될 수 있다. 뇌의 균형이 깨지면서 발생하는 이러한 현상은 'pubertal dip'이라 불린다. 우리말로는 '사춘기 기능 저하' 정도로 번역할 수 있다. 이런 사춘기와 함께 시작된 청소년기 동안 아이들은 모든 면에서 급격한 변화를 겪으며, 이것이 20대에 마무리되면서 성인기로 넘어간다.

청소년은 왜 그럴까

아주 오래된 과거의 기록에서도 청소년들은 다루기 어려운 존재였다. 그 청소년들이 성인이 되고 나면 또 다음 청소년들이 그랬다. 세월이 아무리 흘러도 바뀌지 않는 불변의 진리인 양 언제나 다루기 어려웠다. 이 시기에는 충동적이고 반항적이며 사회에 불만이 많고 위험한 행동을 해서 통제가 어렵다는 인식이 있었다.

청소년기의 이런 변화는 전두엽 기능이 미숙해서 일어나는 것으로 알려져 있다. 여기서 의문이 생긴다. 인간의 뇌는 성인기에 접어들 때까지 지속적으로 발달하고 전두엽도 뇌의 한 영역으로서 함께 발달하고 있을 텐데, 미숙함으로 인한 문제가 유소년기가 아닌 청소년기에 두드러지는 건 왜일까? 그 이유는 뇌 영역마다의 발달 속도 차이에 있다. 우리 뇌는 영역별로 발달하는 속도가 다르며, 발달이 마무리되는 시점에도 차이가 난다. 심지어 같은 영역 내에서도 생애주기에 따라 발달 속도가 다를 수 있다. 전두엽은 다른 영역에 비해 발달 속도가 느려서 상대적으로 미숙해진 것이다.

반대로 다른 부분보다 더 급격하게 발달하는 부분도 있는데, 바로 변연계다. 청소년기에는 급격하게 발달한 변연계의 영향력이 커지면서 전두엽의 통제를 벗어나며, 이 때문에 다른 시기와는 다른 특징이 여럿 나타난다. 물론 이 두 영역만으로 모든 것을 설명할 수는 없지만, 이들의 기능과 상호작용을 간단히 살펴보는 것만으로도 아이들

중독에 취약한 청소년의 뇌

의 행동을 이해하는 데 많은 도움을 받을 수 있을 것이다.

생각하는 뇌, 전두엽[1]

우리 뇌는 여러 영역으로 나뉘어 있고, 각 영역에는 고유한 기능이 있다. 이 중 전두엽은 고차원적 인지 기능을 담당하는 중요한 영역으로 우리의 행동을 조절하는 '집행 기능executive function'을 한다. 장기적인 목표를 설정해 계획을 수립하거나 체계적인 접근으로 복잡한 문제를 해결하는 일을 돕는다. 미래의 결과를 예측해 이를 고려한 적절한 행동을 하도록 하고, 즉각적인 보상만을 위한 부적절하고 위험한 충동을 억제해주기도 한다. 자극에 과도하게 반응하지 않도록 조절하고, 감정적인 상황에서도 이성적인 판단 능력을 유지하게 하는 등 감정 반응에도 영향을 미친다. 전두엽은 사회적 상황에 대한 이해와 판단에도 중요한 역할을 한다. 전두엽의 발달이 사회적 피드백에 대한 감수성을 높이고, 이것이 타인의 관점을 이해하며 규범적인 행동을 학습하는 데 영향을 미쳐 사회적 행동을 발달시키는 것이다.

이렇듯 다양한 정보를 통합해 다양한 활동을 통제 및 조절하는 전두엽은 우리 뇌의 '리더'라 할 만하다. '생각하는 뇌'라고도 부르는 이 영역은 인간이 다른 동물에 비해 가장 발달한 부분이다. 맡은 역할을 보면 성숙한 어른의 모습을 닮았는데, 그래서인지 뇌에서 가장 마지막까지 발달해 20대 중반이 되어서야 완성된다.

반응하는 뇌, 변연계

편도체, 해마, 시상, 시상하부 등 여러 구조로 구성되는 변연계는 대뇌 안쪽 깊은 부분에 자리 잡고 있다. 이 부분은 감정 반응, 보상 및 동기 부여, 기억 형성, 자율신경계 조절 등을 맡아서 한다. 청소년 기에는 변연계가 급격하게 발달하면서 감정 반응 및 보상 추구 경향이 강해지며, 그런 변화로 몇 가지 특징적인 모습이 나타난다.

변연계에서 핵심적인 역할을 하는 편도체는 외부 자극으로부터 공포, 불안, 분노 같은 부정적인 감정 반응을 일으켜 위협적인 상황을 감지하고 대응할 수 있도록 돕는다. 그리고 표정이나 목소리 톤 등 비언어적인 사회적 신호에서 상대방의 감정을 파악할 수 있게 함으로써 사회적 상호작용과 공감 능력에 영향을 준다. 편도체는 감정적으로 중요한 기억을 형성하고 저장하는 데도 한몫한다. 강렬한 감정이 동반된 경험을 더 선명하게, 더 오랫동안 기억하게 하는 것이다.

변연계의 몇몇 구조는 보상 처리에도 중요한 역할을 한다. 그중 측좌핵은 보상 자극을 통합하고 그에 따른 행동을 강화하는 핵심적인 역할을 한다. 보상이 예상될 때 우리 뇌의 복측피개부는 도파민을 분비해 측좌핵 및 편도체, 해마, 전두엽 등으로 전달한다. 활성화된 측좌핵은 여러 영역에서 들어온 보상 자극을 통합해 행동으로 전환한다. 이때 편도체는 보상에 대한 감정 반응을 처리하고, 해마는 보상과 관련된 기억을 담당함으로써 학습에 학습에 관여한다. 그 결과,

보상이 불러온 긍정적 감정과 기억이 보상 관련 행동에 대한 동기를 유발한다.

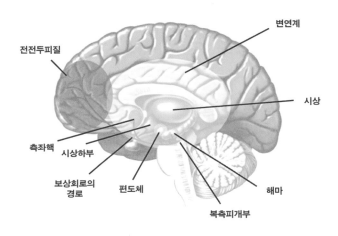

변연계와 보상 회로.

이처럼 변연계는 기분 좋게 해주면 좋아하고 또 하고 싶어하지만, 불편하게 하면 싫어하면서 피하고 싶어하는 뇌다. 꽤 단순하지만 순수한 아이 같은 모습을 보이는 이 영역은 '반응하는 뇌'라 불리기도 한다.

전두엽과 변연계의 불균형

세상에는 자극이 너무 많고, 이것들은 즐거움, 편안함, 행복, 쾌감, 흥분, 슬픔, 억울함, 두려움, 공포, 불안, 분노 등의 감정 반응을 일으킨다. 이런 다양한 감정은 우리 행동에 영향을 미치는데, 이때 적절한 조절이 필요할 수 있다. 조절이 제대로 되지 않으면 감정에 따라 충동적으로 행동할 수 있고, 반대로 조절이 과도하면 감정이 해소되지 않아 불편함이 계속 쌓일 수 있다. 조절 능력이 적절하더라도 감정 반응성이 지나치면 조절할 새 없이 부적절한 행동으로 이어질 수 있고, 반대로 감정 반응성이 너무 무디면 공감 능력을 못 하는 사람으로 보일 수 있다. 그러니 조절 능력과 감정 반응성이 적절하게 균

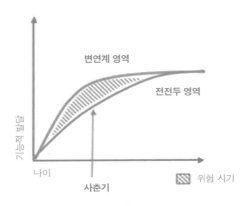

전두엽과 변연계의 발달 속도 차이를 보여주는 그래프.3

중독에 취약한 청소년의 뇌

형을 이루는 게 중요하다.

청소년기에는 변연계의 발달 속도가 급격하게 빨라지고, 전두엽의 발달 속도는 완만하게 유지되면서 조절 능력과 감정 반응성 사이에 불균형이 생긴다. 힘의 크기로 생각해보면 좀더 쉽게 이해된다. 변연계의 힘이 전두엽이 조절할 수 없을 정도로 강해지는 것이다. 그러니 청소년기의 특징적인 모습들은 조절되지 않은 변연계의 모습이라고도 볼 수 있다.

실제로 뇌 영상 연구 결과를 보면 청소년기에 편도체와 측좌핵이 과하게 활성화돼 있다. 편도체가 예민해진 탓에 청소년은 사소한 일에 과도하게 불안해하기도 하고, 지나치게 흥분하거나 분노하기도 한다. 한편 측좌핵의 과활성화는 보상에 대한 반응성을 높인다. 이에 편도체는 보상에 강렬한 감정을 느끼게 만들고, 이것이 보상 추구 행동을 더 강화하면서 순환이 이어진다.

이런 영향은 사회적인 상황에서 더 크게 나타난다. 또래 집단과 함께할 때 특히 그렇다. 청소년은 또래 집단의 평가를 중요시하기에 그들의 인정을 받는 게 큰 보상으로 작용하고, 비난받거나 배제당하면 부정적인 감정을 강하게 느낀다. 그 결과 소속감을 위한 동조 행동이 증가하며 또래 집단의 인정을 받기 위해 위험한 행동을 하기도 한다. 한 연구에 따르면 청소년기에는 혼자 있을 때에 비해 또래 집단 내에 있을 때 위험한 행동을 선택할 가능성이 훨씬 더 높아졌지만, 성인기와 아동기에서는 그렇지 않았다. 뇌 영상 연구에서도 또래 집단

안에 있을 때 측좌핵이 더 활성화되는 것으로 나타나, 사회적 상황이 보상 회로의 활성화에 영향을 준다는 점을 확인할 수 있었다.

이런 상황에서 전두엽은 흥분한 편도체를 진정시키고, 감정적인 행동이나 보상 추구 행동을 적절히 통제하며, 사회적 관계 내에서도 올바른 판단 능력을 유지할 수 있게 도와준다. 그러나 강해진 변연계를 조절하기에는 아직 힘이 부족하다. 그렇다면 이들이 균형을 찾는 건 언제쯤일까? 전두엽이 20대 중반에 완성된다니, 그때까지 기다려야 하는 건가 싶어 좌절하는 부모들도 있을 것 같다. 다시 위의 그래프를 보면 두 영역은 점점 가까워지다 결국 만난다. 다행히 청소년기 중반인 고등학생 무렵부터는 전두엽과 변연계 간의 거리가 점차 가까워지며 시간이 흐를수록 안정된다. 성인기에 접어들면 비교적 균형적인 상태에 가까워져 있을 것이다. 그러니 여유를 가지고 기다려 보도록 하자.

청소년기 발달에 필요한 불균형

물론 이런 변화들이 문제만 일으키는 것은 아니다. 에릭슨의 심리 사회적 발달 이론에 따르면 청소년기는 '자아 정체성 확립'이라는 중요한 과제를 수행해야 하는 시기다. 청소년기에 아이들이 반항적이고 충동적이며 조절을 잘 못 하게 변한다는 건 사실 어른들의 관점이다. 청소년한테는 반항이 아니라 호기심이고, 충동성이 아니라 도전이다. 이런 특징 없이는 청소년기의 도전적인 발달 과업들을 수행

할 수 없을 것이다. 그러니 일시적인 불균형은 이 시기에 필수적일 듯하다.

청소년기에는 변연계가 활성화되면서 감정적인 반응이 커져 다양한 감정 경험을 탐구하기 용이해지고, 감정이 세분화된다. 사회적 신호에 대한 민감성이 증가해 타인의 감정을 읽고 공감하는 능력이 좋아지며 이와 함께 사회적으로 인정받고 싶다는 욕구가 커져 건강한 관계를 형성하는 데 도움이 되는 사회적 행동을 더 많이 하게 된다. 또한 보상에 대한 감정 반응이 강렬한 덕에 위험을 감수하고 새로운 도전과 모험을 시도하며 자율성을 획득할 수 있다. 성취에 대한 욕구가 늘어나 학습이나 기술 습득, 자기 계발 등에 대한 동기가 강해지고 따라서 취미나 학업에 더 열중하게 되기도 한다.

청소년은 새로운 기술에 도전도 잘 하지만 습득도 성인보다 훨씬 빠르게 한다. 이는 뇌의 가소성이 높기 때문이다. 높은 신경가소성neuroplasty 은 뇌가 급격하게 변화하는 영유아기와 청소년기의 공통된 특징으로, 영유아기를 'first window', 청소년기를 'second window'라 부르기도 한다. 가소성이 높다는 것은 찰흙처럼 말랑말랑해서 쉽게 변형 가능한 상태와 비슷하다. 변화가 가장 급격한 영유아기에 신경 회로가 과도하게 형성되는 '양적 성장'을 했다면, 청소년기에는 불필요한 신경 연결을 제거하고 자주 사용되는 회로는 강화하며 뇌가 더 효율적으로 작동하도록 돕는 '질적 성장'을 한다. 나무가 더 잘 자라도록 가지를 치는 것과 비슷하다고 해서 시냅스 가지치기synaptic pruning라는 용어를 쓰기도 한다. 뇌 성숙에 무척 중요한 이 과정은 청소년기에 활발하게 이루어진다.

청소년의 뇌가 학습과 경험에 매우 민감한 것은 이 때문이다. 새로운 기술을 배우면 그에 대한 신경 연결이 강화돼 빠르게 습득할 수 있고, 반복적인 학습과 훈련으로 특정 뇌신경 회로를 강화해 장기적인 변화를 가져올 수 있다. 무엇이든 만회할 기회이기도 한데, 이 시기에 정신 건강에 문제가 생겨도 적절히 개입하며 이후의 삶에 영향을 주지 않도록 회복할 수 있기 때문이다. 즉, 이 시기의 환경적 자극은 뇌의 구조적, 기능적 변화에 중요한 역할을 하며 성인기의 뇌 건강에까지 장기적으로 영향을 미친다. 그래서 청소년기를 발달을 위한 결정적 시기이자 개입이 가능한 기회의 창이라는 의미의 'second window'로 부를 수 있는 것이다.

청소년기는 한 개인의 발달로서도 의미가 크지만 사회적으로도 무척 중요하다. 청소년은 호기심이 많아 새로 등장한 지식이나 기술을 빠르게 일상에 정착시키는데, 이것이 사회의 발전에 도움이 된다. 기존 체제에 의문을 갖고 반발하며 부모 세대와 갈등을 빚기도 한다. 그러나 동시에 사회적 관계 형성과 이성에 대한 관심이 늘어난다. 이에 원가족으로부터 벗어나 타인과 관계 맺는데, 이것이 새로운 가족의 형성으로 이어지며 사회적 연결성을 증가시킨다.

인간사회가 발전해오는 과정에서 청소년기의 이러한 특징들이 유리하게 작용했을 것이다. 인간은 다른 동물에 비해 더 긴 기간 보호와 양육이 필요한 상태로 세상에 태어난다. 그렇지만 취약한 만큼 가소성이 높아 자신을 둘러싼 환경과 상호작용하며 변화하고 적응할 수 있다. 오랜 세월 진화를 거치면서도 청소년기가 단축되지 않고 유지된 것을 보면, 10년 정도의 청소년기는 진화적인 측면에서도 필요성을 인정받았다고 할 수 있을 것이다.

청소년을 유혹하는 디지털 미디어

호기심이 강하고 즉각적인 만족을 추구하는 청소년기에, 새로운 것이 무궁무진하고 감정적인 자극이 빠르게 제공되는 디지털 세상은 매력적으로 느껴질 수밖에 없다. 우리 뇌의 보상 시스템은 보상이 기대될 때 그것을 위한 행동을 하도록 동기를 부여한다. 다음 콘텐츠에 대한 기대감을 불러일으켜 시청을 멈추지 못하게 하는 유튜브나 인스타, 틱톡 등의 알고리즘은 이런 약점을 파고든 것이다. 그중에서도 숏폼 영상은 행동 강화의 효과가 더 크다.

또한 청소년들은 사회적 관계에 대한 욕구가 높고 사회적 인정이라는 보상에 강하게 반응하는데, 이런 특성은 소셜 미디어 사용과 강하게 연결된다. 본인이 올린 게시물에 달리는 '좋아요'는 인정 욕구를 충족해주는 보상이 되며 청소년은 그 보상을 위한 행동을 강화하게 된다. 물론 사회적 인정은 자존감을 높인다. 소셜 미디어로 적절하게 소통하면서 사회적 관계를 형성하는 것은 정서적 해소와 사회성 발달에도 도움이 된다. 그러나 타인의 특별한 순간과 자신의 일상을 비교하는 일도 일어난다. 인정받고자 하는 욕구가 지나쳐 보여주기 식으로 살아가거나 거짓되게 포장한 모습과 실제 모습 사이에 괴리감을 느껴 정서적 어려움이나 정체성 혼란을 겪을 수도 있다. 다른 한편 동정심을 유발해 위로나 지지를 받고자 부정적인 감정을 적나라하게 표출하거나 자해같이 위험한 행동을 게시하기도 하는데, 이 또한 타인의 관심이라는 사회적 보상을 위한 행동으로 볼 수 있다. 앞서 언급했던 FOMO의 영향도 크다. 다른 사람들이 무언가 중요한 활동을 공유하고 있는데 나만 거기서 배제되고 있다는 느낌에서 기인하는 FOMO는, 또래 집단에서의 소속감을 중시하는 청소년기에 더 클 수밖에 없기 때문이다.

청소년기에는 소셜 미디어 외에도 디지털 미디어 기반의 게임에 빠져드는 경향이 있다. 게임은 매체 특성상 오랫동안 즐겁게 몰입할 수 있도록 설계되어 있는데, 이런 요소들이 청소년기의 특징과 맞물리며 반응이 다른 시기보다 더 강해지기 때문이다. 게임은 레벨 업, 아이템 획득, 전투에서의 승리 등 즉각적인 보상 요소를 여럿 가지고 있으며, 그러한 경험은 도파민 시스템을 활성화해 쾌감을 유발하고 게임을 계속하도록 만든다. 이 시기 사회적 관계에 대한 욕구가 늘어나는 것도 영향을 미친다. 게임은 또래와 협력하고 경쟁할 기회로서 사회적 연결을 강화하고 소속감을 줄 수 있기 때문이다. 그럴 때

사회적 인정은 강력한 보상으로 작용해 게임에 더 몰두할 계기를 만든다. 또한 청소년기는 자아 정체성을 확립하려는 시기인 만큼, 가상 세계에서 여러 역할을 수행하며 적극적으로 자기 탐색을 하기도 한다.

청소년에게는 이미 기성 세대의 틀로 짜인 현실 세계보다 규제가 적고 새로운 것으로 가득하면서 실제적인 위험성은 낮은 가상 세계가 성취감을 느끼기에 더 좋은 환경일 수 있다. 현실에서의 실패나 좌절로 인한 자존감 문제를 보완할 수도 있고, 부정적인 감정을 해소할 수도 있다. 그러나 즉각적인 쾌감이나 해소에 지나치게 익숙해지는 것은 또 다른 문제를 불러일으킬 수 있다. 장기적인 노력을 통한 성취를 보상으로 느끼고 행동하고자 하는 동기가 약해져 현실의 과업을 회피하게 될 수 있기 때문이다. 그럴 때 가상 세계는 완벽한 도피처가 되고, 그 도피처에 웅크려 있다보면 즉각적인 보상에 더 익숙해진다.

이런 충동을 조절하는 것이 바로 전두엽이다. 전두엽 기능이 상대적으로 미숙한 게 청소년기의 특징이라고는 하지만, 아동기보다는 전두엽이 발달돼 있어 전반적인 인지 기능 및 판단력이 높다. 따라서 청소년은 성찰을 통해 문제 상황을 인식하고 상황에 맞는 행동을 판단할 수 있다. 실제로 미디어 과다 사용 문제로 병원에 온 청소년과 이야기를 나눠보면 대부분은 스스로도 줄여야 한다고 한다. 상황 인식도, 필요한 행동에 대한 판단도 적절하게 이루어지고 있는 것이다.

그러나 진료실을 떠나 다시 스마트폰을 잡는 순간 그 판단은 행동에 영향을 주지 못한다. 예민해진 변연계를 더 자극하는 강렬한 정서 자극과 즉각적인 보상 반응에 이미 노출됐기 때문이다. 이런 상황에서 전두엽의 조절 기능은 공허한 외침에 불과하다. 그 결과 스스로 문제를 인식하면서도 충동을 억제 못 해 미디어를 반복해서 사용하게 되고, 점점 더 몰두하게 된다.

청소년 중에서도 유독 취약한

이렇게 보면 모든 청소년에게 문제가 일어날 것 같지만 실은 그렇지 않다. 대부분은 가끔 시행착오를 겪긴 해도 스스로 조절 능력을 발달시키며 건강하게 성장한다. 반면 일부 아이는 심각한 문제를 경험한다. 이들에게는 청소년기의 특징과 디지털 미디어 사용을 더 끈끈하게 결합시키는 다른 요인들이 있는데, 바로 타고난 기질과 정신 건강 문제다.

기질상 조절 기능이 약한 아이라면 청소년기에 그 부분이 더 두드러지면서 디지털 미디어 사용 문제를 겪을 가능성이 높아진다. 인지 기능 저하나 자폐 스펙트럼 장애 같은 발달 지연, 혹은 ADHD 같은 신경 발달 장애를 예로 들 수 있다. 이런 기질을 갖고 있다면 최대한 빨리 발견해 적절하게 관리하고 치료해야 한다. 통제가 비교적 쉬운

유아동기부터 디지털 미디어 사용 습관을 잘 만들어두면 주도성이 높아지는 청소년기에 발생 가능한 문제까지 줄일 수 있다.

타고난 어려움이 있지 않더라도 청소년기에는 급격한 성장과 함께 여러 발달 과업을 수행하는 탓에 정신 건강 문제를 겪기 쉽다. 물론 대부분은 사춘기와 그 이후의 심리적 어려움을 잘 극복하고 건강하게 발달해간다. 하지만 일부는 그 과정을 순탄하게 넘기지 못하고 일상생활을 방해하는 수준의 정신 질환을 앓기도 한다. 우울 장애나 불안 장애와 같은 정서적인 문제를 겪을 수 있으며, 조현병이나 조울증이 발병할 수도 있다. 이러한 정서적 취약성과 더불어 사회적 평가에 대한 예민성과 행동 조절 미숙 때문에 문제가 생길 수도 있다. 예를 들면 외모에 과도하게 집착하면서 거식증이나 폭식증 같은 섭식 장애를 겪을 수 있다. 또한 또래 압력이 증가하고 충동을 억제하기 어려워지면서 음주, 흡연, 약물 중독이나 폭력 및 범죄, 위험한 성관계 등 비행 행동을 보이는 품행 장애로 이어질 수도 있다.

청소년기의 정신 건강 문제가 중요한 이유는 그 기간에 이뤄져야 할 발달을 방해하기 때문이다. 예컨대 우울증은 감정적으로 우울한 것뿐 아니라 정신적인 에너지가 저하되는 것까지가 주요 증상이다. 청소년이 우울증을 겪는다면 발달 과업을 수행하기 위한 동력이 떨어져 인지적, 정서적, 사회적 발달 등 전반적인 발달에 방해를 받을 수 있다. 우울증이 오래갈수록 그 기간의 발달이 정체돼 여러 발달 과업을 따라잡는 데 어려움이 생길 수 있고, 이것이 장기적인 문제를 일으킬 수 있다는 것이다. 다른 정신 질환들도 마찬가지다. 애초에 정신 건강 문제가 발생하지 않으면 좋겠지만, 문제가 발생했다면 빠르게 개입해 치료함으로써 어려움을 겪는 기간을 단축하는 게 중요하다.

이러한 정신 건강 문제는 디지털 미디어의 과도한 사용과 관련 있을 수 있다. 정신 질환의 증상으로 발현되기도 하고, 유발 요인으로 작용하거나 독립적인 장애로 취급되기도 한다.

첫째, 디지털 미디어가 정신 질환의 증상으로 발현될 때다. 정서적으로 예민한 청소년기에는 우울, 불안 등 부정적인 감정을 강렬하게 경험하는데, 이를 해소하기 위한 수단으로 미디어를 이용할 수 있다. 또래와 SNS로 소통하거나 즐거운 콘텐츠로 스트레스를 풀고, 좋아하는 아이돌의 영상을 보면서 부정적인 감정을 전환하는 식이다. 대부분은 이렇듯 잠깐 도움을 받은 뒤 일상으로 되돌아가는 건강한 패턴이다. 그러나 정서적인 문제가 심하면 일상을 회복하지 못할 수도 있다. 실제로 우울증을 겪는 청소년 중에는 무기력하게 스마트폰에 빠져 있는 환자가 많다. 이들은 스스로를 조절할 힘이 떨어져 일상생활이 힘들어지고 즉각적인 보상을 주는 영상이나 게임에서 빠져나오지 못하기도 한다. 또는 잠시 스트레스를 해소하려고 시작했다가 점차 현실의 과업에서 오는 적절한 스트레스에도 대응하지 못하게 돼 도피처로 이용하기도 한다. 이 경우 현실을 지속적으로 회피하면서 우울증이 더 심해지는 악순환을 겪을 수 있다.

중독에 취약한 청소년의 뇌

이처럼 정서적 어려움과 디지털 미디어 사용에는 밀접한 관련이 있다. 한 연구에 따르면 15세 이하의 청소년들은 사용 시간이 길수록 삶에 대한 만족도가 떨어졌다. 상관관계 연구지만 인과관계를 엿볼 수 있는 결과도 있었다. 현재 삶에 대한 만족도가 떨어지면 1년 뒤 소셜 미디어 사용이 증가하는 것이었다. 이는 현재의 정서적 어려움이 미래의 문제로 이어진다는 뜻으로, 좋은 정신 건강이 올바른 소셜 미디어 사용 습관의 필요조건임을 시사한다.

둘째, 정신 질환의 유발 요인으로 작용할 때다. 청소년기의 가치관 형성에 미디어가 미치는 영향도 주목할 필요가 있다. SNS는 일반적이지 않은 삶이나 특별한 순간만을 짜깁기한 모습에 청소년들을 노출시켜 가치관을 왜곡할 위험이 있다. 그러면 자신과 타인을 비교하게 돼 삶에 대한 만족감이나 자존감이 떨어지고 우울증을 앓을 수 있다. SNS를 통해 비정상적인 미적 기준을 갖게 된 청소년은 거식증 등의 섭식 장애를 겪기도 하는데, 거식증은 심하면 뇌 손상이나 사망까지 초래하니 적극적인 개입이 필요하다. 또한 디지털 미디어는 사회 기술에 문제를 일으키기도 한다. 모바일 기기를 경유한 비대면 소통에만 익숙해지다보면 대면 소통에 필요한 사회 기술이 부족해질 수 있기 때문이다. 타인의 비언어적인 신호를 알아차리지 못하거나 상황에 맞지 않는 말이나 행동을 해 오해를 불러일으키는 것이다. 이런 일이 반복되면 대인관계를 맺을 때 위축돼 불안을 느끼며 이것이 사회 불안 장애로 이어질 수도 있고, 대인관계에 대한 불편함으로 미디어에 더 의존하는 악순환이 이어질 수도 있다.

이와 같이 디지털 미디어 사용 문제는 단독으로 발생하기보단 다른 정신 건강 문제와 동반될 때가 많다. 그러니 청소년이 이런 문제를 보인다면 숨겨진 심리적 어려움이 없는지 확인하고, 이를 같이 해결하는 게 중요하다.

청소년기 디지털 미디어 사용의 실제

청소년이 관계 맺고 있는 세상의 일부분인 디지털 미디어는 이 시기의 정신 건강 문제와도 밀접하게 관련된다. 그러나 관련성이 있을 뿐 전부를 설명할 수 있는 것은 아니다. 말 그대로 '일부'일 뿐이다. 그러니 청소년의 일상에서 디지털 미디어가 가장 두드러져 보인다고 해서 모든 문제를 이것으로 귀결시키는 우를 범해서는 안 된다. 어쩌면 이것이 불편감이나 정신 건강 문제로부터 청소년을 지켜주는 유일한 것일 수도 있기 때문이다. 그러니 탈출구는 일단 제쳐두고, 아이들이 불편하게 느끼는 정신 건강 문제들을 파악한 뒤 그로 인한 스트레스에 잘 대응할 수 있게 도와주어야 한다. 이와 함께 부정적인 감정들을 해소할 방법까지 함께 찾고 잘 활용한다면 정신 건강 문제를 해결하는 건 물론 디지털 미디어 사용 습관도 건강하게 형성할 수 있을 것이다.

[사례 1] SNS에 집착하는 나현이

나현이는 밝은 성격으로 어려서부터 친구들과 잘 어울렸다. 선생님들의 평판도 좋은 편이었고, 화목한 집안에서 가족에게 사랑받으며 자라왔다. 그런데 초등학교 6학년 여름방학 직전에 친한 친구와 사소한 다툼을 겪었다. 화해하고 싶었으나 방학에 장기간 해외여행을 다녀오면서 타이밍을 놓쳤고, 결국 관계를 회복하지 못했다. 방학 동안 그 친구와 다른 친구들은 더 가까워져 있었다. 나현이는 소외당하며 초등학교를 졸업할 때까지 새로운 친구를 사귀지 못했다. 밤이면 다음 날 등교 걱정으로 잠들기 어려워했으며 아침에는 일어나기 힘들어하고 무기력해 보였다. 가족들에게는 짜증이 늘고 신경질적으로 변했다. 생리 때가 되면 더욱더 예민해져 학교를 결석하기도 했다.

중학교에 입학하고 나현이는 새로운 친구들을 사귀게 되었다. 그렇지만 과거의 따돌림이 머릿속에 자주 떠올랐고, 그게 반복되지 않을까 하는 걱정이 들곤 했다. 이 때문에 친구들의 SNS 활동을 놓치지 않으려고 항상 관심을 가지며, 자기 게시물에 대한 친구들의 반응을 살피는 데 몰두했다. 가까운 친구들뿐 아니라 SNS로만 관계 맺는 사람들도 늘어나면서 SNS 사용 시간이 점점 늘었다. 과제가 있어도 스마트폰에 신경 쓰느라 하지 못하는 경우가 잦아졌고, 밤에 늦게 잠드는 탓에 아침에 일어나기 어려워했다. 부모님이 스마트폰 사용 시간을 제한하려 하면 심하게 반발하고 다른 사람이 된 것처럼 과격한 모습을 보였다. 스마트폰을 하느라 밤낮이 바뀌어 학교에 지각하거나 결석하는 일이 반복됐고, 교우관계가 소원해졌으며 학업 성적도 떨어졌다. 그럴수록 더욱더 SNS에 몰두하는 악순환에 빠져들고 있었다.

[사례 2] 게임에 빠진 영훈이

외동인 영훈이는 부모님의 사랑을 듬뿍 받으며 자랐다. 부모님 모두 전문직으로 학업에 대한 관심과 기대가 컸다. 어머니는 양육에 집중하고자 업무량이 적고 재택근무가 가능한 직장으로 옮겼을 정도다. 영훈이의 학업 성적은 기대대로 우수했고 어머니는 이 점을 늘 자랑스러워했다. 어머니는 영훈이의 학업 능력을 더 향상하고자 선행학습을 하는 학원들에 많이 보냈다. 과제를 다 하는 건 힘들었지만 어머니의 격려 속에서 끝까지 해내곤 했고, 성적도 늘 우수했다. 학교생활도 원만해 항상 학급 임원을 맡았으며, 선생님들의 평판도 좋고 친구들에게 인기도 많았다.

문제는 중학교에 진학하면서 시작됐다. 학원 수업 시간과 숙제가 늘어나면서 영훈이는 어려서부터 해오던 태권도를 그만두어야 했다. 좋아하던 농구를 같이 하던 친구들도 바빠지며 함께하기 힘들어졌다. 학업에 집중하는 시간은 늘었으나 집중력은 전보다 떨어지는 듯했으며, 과제를 다 하지 못하는 일도 생겼다. 그나마 즐거운 것은 학원을 마치고 친구들과 잠깐 게임하는 시간이었다. 그러나 이마저 엄마가 집에 바로 오지 않는다고 다그치면서 갈등을 빚었다. 선행학습을 많이 해둔 덕에 성적은 우수하게 유지됐다. 중학교 동안은 영재학교 입학을 목표로 공부에 열중했는데, 안타깝게도 입시에 실패하고 말았다. 어머니는 영훈이가 공부에 집중하지 않고 게임을 많이 해서 그렇게 된 거라고 했다. 반면 영훈이는 대부분의 시간 동안 공부하고 게임은 스트레스를 풀기 위해 잠깐씩 했을 뿐이라고 주장하면서 갈등은 더 커졌다. 여전히 학교생활 및 친구관계는 원만했으나 집에 오면 방에 들어가서 나오지 않았고 어머니가 하는 말에는 대꾸하지 않는 태도를 보였다.

영훈이는 고등학교 입학 후에도 게임에 몰두했으며, 밤에 늦게 자고 아침에는 힘들게 일어나 겨우 등교하곤 했다. 그러면서 점차 수업에 집중을 못 하고 친구들과 노는 것을 귀찮아하는 등 학교생활에도 어려움이 생겼다. 성적이 점점 더 떨어진 건 어쩌면 당연한 일이었다. 영훈이 스스로도 불안하고 답답했지만, 그럴수록 더 게임만 하게 되는 악순환이 반복됐다.

*

나현이와 영훈이 모두 사춘기 전까지는 큰 문제가 없었으나 청소년기에 접어들며 겪은 일 때문에 정신적 어려움에 부딪혔다. 거기에 디지털 미디어 사용이 동반되며 문제는 점점 더 악화돼갔다.

나현이는 친구와의 사소한 갈등으로 시작된 따돌림에 감정 반응

중독되는 아이들

성 증가, 성호르몬 작용 등 사춘기의 변화가 복합적으로 작용하면서 우울증을 겪게 되었다. 시간이 지나면서 부분적으로 회복되긴 했으나 과거의 경험으로 인한 불안감을 적절하게 해소하지 못했고, 결국 SNS에 의존하면서 우울증이 더 심해지는 악순환에 빠졌다. 영훈이는 엄마의 지지와 격려를 통해 성과를 내며 긍정적인 발달을 해왔다. 그러나 청소년기에 접어들면서 공부량은 늘어나는 반면 스트레스를 해소할 수 있는 활동은 부족해졌다. 그 대안으로 활용한 것이 게임이었다. 이후 원하는 성과가 나오지 않자 엄마의 실망감에 맞닥뜨렸고, 좌절로 인한 정서적 불편감이 증가하면서 더더욱 게임에 의지하는 악순환이 반복되고 있었다.

두 사례 모두 정서적 어려움의 해소를 위해 디지털 미디어를 이용하고, 과도한 사용으로 문제가 악화되자 디지털 미디어에 더더욱 의존하는 양상을 나타냈다. 일부만 보면 디지털 미디어의 과도한 사용이 정신 건강 문제를 유발한 듯하지만, 전체를 보면 정서적 문제 때문에 디지털 미디어 사용이 증가하고 그것이 다시 정신 건강 문제를 악화시켰다는 것을 알 수 있다. 이런 상황에 SNS와 게임에만 주목해 그 시간부터 줄이는 것은, 그나마 그것들로 불편한 감정을 해소하며 버티고 있던 아이들의 마지막 보루를 제거하는 셈이 된다. 악순환 고리의 일부분만을 보는 이런 접근은 아이들의 강한 저항을 불러일으킬 수 있다. 고리의 다른 부분, 즉 정서적 어려움이 발생한 과정과 디지털 기기를 사용할 수밖에 없었던 상황에 대한 이해도 함께 보여준다면 아이들도 마음을 열고 치료를 받아들일 수 있을 것이다.

이렇게 '치료적 동맹'을 맺어야 디지털 미디어 외의 대안을 함께 찾아 나설 수 있다. 악순환 고리의 전체를 살피고 청소년이 받아들일 수 있는 적절한 지점을 찾아 개입해야만, 그 고리를 끊고 새로운 선순환의 고리를 만들어낼 수 있다.

디지털 미디어는 중요한 도구다

새로운 것이 등장해 발전하는 과정에서 겪는 어려움은 현대사회만의 특징이 아니다. 역사적으로도 새로운 도구는 기존 세대에겐 낯섦과 비판의 대상, 청소년에겐 호기심과 도전의 대상이었다. 한 예로 소크라테스의 가르침에 대해 플라톤이 남긴 책을 살펴보자. 거기서 소크라테스는 당시 유행하던 새로운 도구를 비판했다. 그것 때문에 젊은이들이 스스로 기억하는 대신 외부에 의존하게 될 것이며, 많은 것을 듣고도 아무것도 배우지 못할 거라고 했다. 이것을 통해 모든 것을 아는 것처럼 보일지라도 실제로는 아무것도 알지 못할 거라고 말이다. 이렇게 비판한 것은 바로 '쓰기'와 '읽기'였다. 구술, 즉 '말하기'가 주된 정보 교류 방법이던 시기에 책으로 정보를 전달하고 습득하는 행위를 경계했던 것이다. 현대사회에서 독서를 얼마나 강조하는지, 글을 통하지 않고 영상으로만 정보를 얻는 것을 얼마나 경계

하는지를 생각하면 상상도 못 할 이야기다.

당시에도 새로운 것을 이용하는 이들은 청소년을 비롯한 젊은 세대였고, 기성세대는 그에 대해 비판적인 입장이었다. 아이러니하게도 소크라테스의 가르침이 지금까지 전달될 수 있었던 것은 그의 제자들이 '쓴' 책을 많은 사람이 오랜 기간 '읽었기' 때문이다. 논란의 대상이었던 책 또한 소크라테스 시대에서 한 세기쯤 뒤부터 정보 전달 및 습득의 보편적인 도구가 됐다. 이런 사례를 보면, 디지털 미디어 이용에 대한 논란이 후대에 어떤 식으로 보일지도 예측하기가 쉽지 않다.

디지털 미디어가 시대의 자연스러운 흐름이니 무비판적으로 받아들여야 한다고 주장하는 것은 아니다. 활용이 늘어나는 것을 거스를 순 없지만, 수용하는 과정에서 발생할 수 있는 문제들을 인식하고 비판할 줄은 알아야 한다는 것이다. 아이들이 디지털 기술의 발전 과정에서 발생하는 부작용을 겪지 않고 긍정적인 면을 활용하면서 발전의 흐름에 함께하도록 도와주려면 상황을 정확히 판단하고 지도하는 능력이 필요하다.

정보 전달에 책이 널리 이용되고 있긴 하지만, 말하기도 여전히 중요한 도구로서 정보 전달의 한 축을 담당하고 있다. 현대사회에서도 말로 하는 가르침이 교육에 중요하다. 말로 하는 토론이 건강한 의사결정 방식으로 여겨지고 있기도 하다. 같은 시간에 같은 공간에 있어야만 가능하다든지, 말하는 순간 기억나지 않으면 정보를 전달할 수 없고, 듣는 사람도 다 기억하기 힘들다든지 하는 필연적인 한계점을 책이 보완해주고 있을 뿐이다. 새로운 도구가 과거의 도구를 대체하는 게 아니라 서로의 한계를 보완하고 공존하며 사회의 발전에 더 크게 기여한다. 디지털 미디어 또한 이들과 공존하면서 우리 사회의 소통을 더 풍부하게 할 수 있다. 과거에는 책을 펴고 칠판에 필기하면서 가르치는 수밖에 없었지만 지금은 디지털 기기의 시청각 자료도 활용하는 것처럼 말이다. 또한 전화기는 언어적 소통의 공간적 한계를 극복했고, 현재는 영상통화를 통해 비언어적 소통의 한계도 일부 극복했다.

이처럼 디지털 미디어에는 우리 삶에 도움이 되는 기능이 많다. 청소년은 새로운 기술을 잘 습득하고 적응 능력이 좋아서 더 많은 영향을 받는데, 이를 적절하게 활용한다면 긍정적인 효과를 볼 수 있다. 많은 정보를 습득하고 처리하는 능력을 발달시키거나 학습 동기를 높이고 자기 주도 학습을 도울 수 있다. 비디오 게임은 계획 수립 및 문제 해결, 멀티태스킹 능력, 기억력, 인지적 처리 속도를 높이는 데 도움이 된다고 알려져 있다. 소셜 미디어는 사회적 기술을 발전시키고 정체성을 형성하는 데 도움을 주며, 광범위한 인간관계를 구축할 수 있게 해준다. 디지털 플랫폼에서 여러 활동에 참여하며 인지적 유연성 및 창의성을 발달시킬 수도 있고, 감정을 표출하며 해소할 수도 있다. 또한 현실에서는 할 수 없는 도전적인 활동들로 청소년기의 공격성과 충동성을 해소하고 이에 대한 결과를 예측하면서 조절 기능을 발달시킬 수 있다. 미국 통계 자료에 따르면 실제로 비디오 게임의 출현 이후 폭력적인 범죄나 약물 중독, 임신 등 청소년기 비행이 역사적으로 가장 낮은 수치를 보이고 있다고 한다.

그러나 청소년기의 뇌는 가소성만큼 취약성도 높기에 디지털 미디어의 부정적인 영향을 무시할 수 없다. 양이 많고 속도도 빠른 디지털 미디어에서의 정보는 집중력을 저해해 전두엽 기능이 아직 발달 중인 청소년에게 부정적인 영향을 줄 수 있다. 또한 디지털 미디어를 과도하게 사용하면 뇌의 보상 시스템이 자극돼 즉각적인 보상만을 추구하게 되고, 지속적인 노력이 필요한 일에는 동기 부여가 되지 않을 수 있다. 그러면 미래의 보상을 위해 장기적인 계획을 수립하는 기능은 제대로 발달하지 못한다. 현재의 만족을 미루지 못해 디지털 미디어를 반복적으로 사용하는 중독적인 모습을 보일 수도 있고, 강렬한 자극에 노출된 탓에 그렇지 않은 활동은 지루해할 수도 있다. 이런 상태에서는 미래의 보상에 대해 생각하더라도 흥미가 느껴지지 않아 동기 부여가 되지 않는다. 게다가 감정 조절 기능의 발달도 방해받을 수 있는데, 디지털 미디어로 감정을 즉각적으로 표출하고 해소하다보면 조절 기능이 발달할 겨를이 없기 때문이다. 직접적인 사회적 상호작용이 줄어들면서 비언어적 의사소통 기술이 잘 발달하지 않을 수 있다는 것도 위험 요소다.

이렇듯 디지털 미디어의 무절제한 사용이 청소년기의 인지적, 정서적, 사회적 발달을 방해할 수 있다는 점을 간과해서는 안 된다. 인간의 발달은 연속적으로 이뤄지기에 청소년기 발달의 부족은 성인기 삶의 어려움으로 연결될 수밖에 없고, 이러한 어려움은 발달의 문이 닫힌 후에는 되돌리기 어렵다. 그러니 청소년이 디지털 미디어를 건강하게 사용할 수 있도록 적극적으로 관심을 가져야 한다.

*

　디지털 미디어라는 도구는 현대사회에 깊숙이 들어와 있는 만큼여러 행동 습관과 관련되어 있다. 이는 디지털 미디어 사용 습관을 건강하게 형성하면 여러 기능을 동시에 훈련할 수 있다는 의미이기도 하다. 충동 억제와 같은 조절 능력, 스트레스 해소와 같은 정서 처리, 사회적 관계 형성 및 상호작용을 통한 사회성 발달 등 디지털 미디어의 잘못된 사용으로 저하될 수 있는 여러 기능이 건강한 사용을 통해서는 더 긍정적으로 발달할 수 있는 것이다. 청소년기라는 생애두 번째 기회를 맞아, 건강한 디지털 미디어 사용 습관을 만들어나가는 과정이 우리 아이들의 뇌를 건강하게 발달시켜줄 것이다.

5장

아이들의 감정,
SNS 속에서 흔들리다

김희연

디지털 시대, 소셜 네트워크 서비스SNS는 소아 청소년의 삶에 깊숙이 자리 잡고 있다. 소셜 미디어는 유튜브나 블로그처럼 텍스트, 이미지, 영상 등을 생산함으로써 자신을 표현하고 소통할 수 있는 플랫폼이다. 반면 SNS는 페이스북이나 인스타그램처럼 팔로워와의 상호작용을 통한 관계 형성을 주목적으로 한다. 처음 등장했을 때 SNS는 학교 동창들끼리 개인적인 연락을 주고받는 도구에 불과했다. 하지만 이후 '좋아요' '댓글' '공유' 기능이 추가되면서 자신만의 콘텐츠를 생성하고 친구들로부터 피드백을 받는 SNS로 진화했다.

스마트폰에 전면 카메라가 탑재되면서는 본격적으로 '셀카'의 시대가 도래했다. 여기에 인스타그램의 필터와 편집 소프트웨어가 더해지면서 청소년은 시각적 이미지에 더 쉽게 노출되고 있다.

아이들의 감정, SNS 속에서 흔들리다

변화하는 미디어 환경에 아이들의 정신 건강은 어떤 영향을 받고 있을까? SNS는 자신의 생각을 표현할 기회를 제공하지만, 타인을 공격할 계기를 만들어주기도 한다. 이미지 중심의 콘텐츠를 빠르게 소비하며 주의력과 집중력이 약화될 위험도 있다. 온라인상으로 많은 친구와 연결되려다 현실의 친구와 가족에게는 소홀해지는 일도 있다. 현실에서는 자녀를 과보호하면서 온라인 환경에는 손을 놓고 있는 게 아닌지 되돌아볼 필요가 있다.

이 장에서는 SNS가 청소년에게 미치는 영향을 다섯 가지 사례로 분석한다. 단순히 SNS를 줄이라는 지침에서 그치지 않고 아이들이 처한 환경을 깊이 있게 이해하며 건강하게 변화시킬 수 있는 방향을 모색해보고자 한다.

SNS의 선물 같은 면

SNS가 정신 건강에 좋지 않을 수 있다는 건 이미 잘 알려진 사실이다. 하지만 SNS는 이제 소아 청소년의 삶에서 떼려야 뗄 수 없는 것이 됐다. 온라인과 오프라인 생활의 경계도 점점 흐려지는 실정이다. 이런 SNS는 정말 문제투성이이기만 할까? 무조건 못 하게 막아야만 하는 걸까? 이 새로운 기술이 아이들에게 어떤 긍정적인 영향을 줄 수 있는지도 함께 이해해야 한다.

또래 집단과 연결된 느낌

아이들은 또래관계에서 정체성을 형성하고 소속감을 느끼며 성장한다. 이때 SNS는 또 하나의 기회가 될 수 있다. 환경적 제약이 없는 온라인상에서 더 넓고 다양한 또래 집단과 연결될 수 있으니 말이다. 학교나 지역사회에서는 만날 수 없는 배경의 또래와 관계를 형성하다 보면 청소년의 세계는 더 넓어질 수 있다. 가정 내 지원을 충분히 받지 못하는 아이라면 SNS를 통해 고립감을 줄이고 더 안정적인 사회적 관계를 형성할 수 있다.

정체성 형성과 자기표현

SNS는 자신을 탐색하고 표현할 안전한 공간이 될 수 있다. SNS에 공유한 자신의 창작물에 긍정적인 반응을 받을 때 아이들은 자신감을 얻는다. 자기 생각이나 감정을 드러내기 어려운 환경에 처해 있다면 자신만의 공간이자 자유롭게 정체성을 탐구할 기회로 SNS를 이용해볼 수 있다. 자신의 이야기를 예술로서 공유하는 아이들은 창의적인 에너지를 발산하며 긍정적인 자기 인식을 키워간다. 실제로 청소년의 약 71퍼센트는 SNS 덕분에 창의력을 표현할 수 있었다고 응답했다.[1] 이러한 경험은 자아 효능감과 자존감을 높이는 데 큰 도움이 된다.

아이들의 감정, SNS 속에서 흔들리다

화려한 연결의 이면

이처럼 SNS는 단순한 플랫폼을 넘어 청소년이 자신을 발견하고 성장할 수 있는 중요한 도구가 됐다. 그러나 SNS를 잘못 사용하면 정신 건강에 부정적인 영향을 받을 수 있다. SNS에 푹 빠진 모습, 밤 늦게까지 스마트폰 화면을 들여다보는 모습, 친구들 사이에서 무슨 일이 일어나는지 놓치지 않으려는 모습……. 그런 아이를 보면 걱정이 앞선다. 특히 청소년기는 뇌가 여전히 발달 중인 민감한 시기인 만큼 SNS의 악영향을 더 주의 깊게 살펴야 한다. SNS가 줄 수 있는 장점이 있다고 해서 그 이면의 문제를 놓쳐서는 안 될 것이다.

단편적인 포스트, 장기적인 자존감

자존감이란 자기 자신을 주관적으로 평가하는 가치다. 여기에는 환경이 많은 영향을 미친다. 그중에서도 크고 작은 성공과 실패의 경험이 중요한 역할을 하는데, 아이들은 SNS에서 이러한 성공과 실패를 지속적으로 경험한다. 삶의 단면들이 끊임없이 업데이트되기 때문이다. 그러나 이는 경험과 감정의 전체적인 스펙트럼을 반영한다기보다 꾸며진 모습에 그칠 때가 많다. 그런 것과 자기 자신을 비교하다보면 본인의 삶이나 성취에 불만족을 느끼고 자존감이 흔들리기 쉽다.

한 연구에 따르면, 페이스북을 많이 사용하는 학생일수록 질투심이나 다른 친구들이 자기보다 잘 살고 있다는 느낌을 받을 가능성이 더 높았다.[2] 이것이 바로 앞서 다룬 FOMO, 즉 '나만 빼고 모두 즐거운 시간을 보내고 있는 것 같다'는 불안이다. 이는 단순한 불안감을 넘어 현재 자신의 삶에 대한 불만족감, 중요한 순간에서 자신만 소외되고 있다는 느낌으로 이어진다. 예를 들어 친구들이 자기네끼리 시간을 보내거나 학업적 성취를 자랑하거나 가족끼리 화목하게 지내는 모습을 보다보면, 나만 그 집단에 끼지 못하거나 뒤처지고 있는 생각이 들 수 있다. 이는 단순 질투를 넘어 자존감에 부정적인 영향을 미치며 스트레스와 우울감을 증가시킬 수 있다.

SNS에 의존하다

SNS 플랫폼은 사용자들의 시선을 붙잡기 위해 행동심리학과 신경과학, 그리고 인공지능 기술을 활용한다. 사용자의 반응을 분석하고 끊임없이 관심을 유도하도록 설계됐다는 데서 중독성과 과의존을 높인다는 지적이 있다. 진료실에서도 "우리 아이가 스마트폰에 중독된 것 같아요"라며 찾아오는 부모님이나, "SNS 사용이 조절이 안 돼요"라고 스스로 인정하는 청소년을 어렵지 않게 만날 수 있다.

SNS 알림이 뜨면 우리는 전에 받았던 보상, 즉 '또래들로부터의 관심'을 떠올리며 확인하게 된다. 그것은 내가 좋아하는 친구의 댓글일 수도 있고, 별 관심이 없는 친구의 '좋아요'일 수도 있다. 이렇게 보상이 매번 다르고 예측할 수 없을 때 그 행동을 더 자주 반복하게 되는데, 이를 '변동 간격 강화variable-interval reinforcement'라고 부른다. 이처럼 불규칙한 보상은 우리 뇌의 보상 시스템을 강하게 자극해 중독성 있는 행동을 유지하게 만든다. 그러나 스마트폰/인터넷 중독이라는 질병에 대해서는 아직 표준화된 정의가 없다. 인터넷에서 볼 수 있는 체크리스트는 대부분 연구를 위해 개발된 척도로 실제 진단에 사용하지는 않는다. 따라서 아이가 중독인지 아닌지 단정 짓기보다는 중독이 의심되는 행동을 정신 건강 문제의 신호로 보고, 이와 병행되는 다른 문제는 없는지 자세히 살펴보는 게 중요하다.

쓸수록 더 외로워지는 SNS

SNS가 확대되고 코로나 시대를 거치면서 아이들은 대면보다 비대면 상호작용을 선호하기 시작했다. 미국에서 진행한 연구에 따르면 스마트폰을 사용하기 시작하면서 청소년끼리 직접 상호작용하는 시간은 급감했는데, 2012년에 하루 122분이던 것이 2019년에는 67분으로 줄어들었다고 한다.[3] 코로나19 이전부터 이미 사회적 거리 두기를 시작했던 셈이다.

이처럼 변화된 환경은 아이들의 사회성에 어떤 영향을 미칠까? 친구들과 함께 있으면서도 각자 스마트폰에 빠져 있는 모습을 보면 걱정이 앞선다. 전화기phone를 사용하느라 바로 옆에 있는 사람은 무시snubbing한다고 해서 '퍼빙phubbing'이라 부르기도 한다. 대화 중 상대방이 휴대폰을 꺼내는 것만으로도 사회적 상호작용의 친밀도가 떨어진다는 연구 결과도 있다. 많은 사람과 연결되기 위해 시작한 SNS가 오히려 현실에서의 인간관계를 소원하게 만들 수 있는 것이다.

온라인상의 상호작용에는 비언어적 의사소통 신호가 부족해 사회적 기술을 연습하기 어려워진다는 주장도 있다. 반대로 SNS에서의 상호작용이 사회적 기술 발달에 도움이 된다는 주장도 있다. 그러나 사회 불안이 높은 청소년은 SNS 사용이 증가할수록 사회적 기술이 감소했다. SNS에서의 이상화된 삶이 사회 불안과 합쳐져 자신의 삶을 부정적으로 바라보게 하고, 사회적 회피를 더 많이 불러일으킨 것이다.[4]

특히 취약한 아이들

모든 아이가 영향을 동일하게 받는 건 아니다. 일반적으로 여학생들이 SNS를 더 오래 이용하고, 사이버 괴롭힘에 더 자주 노출되며, 정신 건강에 더 큰 타격을 받는다. 유독 여자 청소년 중에서 우울증, 자해, 자살이 증가하고 있다는 최근의 경향과도 맞닿아 있는 결과다. 또한 또래와의 대면 상호작용이 부족할수록 부정적인 영향을 더 많이 받았다. 한 설문조사에 따르면, 현실에서 또래관계를 잘 유지하지 못하고 온라인으로만 네트워크를 유지하는 소아 청소년의 우울 증상이 더 많이 증가했다. 반면 오프라인에서 또래관계를 잘 유지하는 아이들에게서는 SNS를 통한 연결이 우울 증상을 오히려 줄여주었다.[5]

아이들의 감정, SNS 속에서 흔들리다

정신 건강 문제가 이미 있는 아이들에게도 위험하다. SNS는 없던 문제를 일으키기도 하지만, 기존 문제를 악화하기도 하기 때문이다. 다른 한편 기저 불안에 대처하기 위해 SNS를 이용한다는 가설도 제기되고 있다. 온라인에서의 얕고 약한 연결이 사회적 지지를 제공하면서도 외모나 인상에 대한 부담은 덜어주어 선호된다는 것이다.[6] 이처럼 SNS의 영향은 각자의 상황과 맥락에 따라 크게 달라질 수 있으며, 이를 이해하는 것이 건강한 SNS 사용의 출발점이다.

이제 다섯 가지 사례로 SNS의 구체적인 영향을 살펴보자.

우울을 공유하다

[사례 1] '우울계'로 친구를 사귄 주은이

주은이는 코로나19로 등교를 못 하게 되면서 집에서 혼자 보내는 시간이 늘었다. 학교에서는 쉬는 시간마다 친구와 이야기를 많이 나눴지만, 만남이 줄어들자 연락도 자연스레 끊겼다. 점점 무기력해지고 말수도 줄어드는 주은이의 모습에 부모님은 정신건강의학과 내원을 권했다. 그러나 의사에게 얘기해봤자 달라지는 것은 없을 듯싶었다. 오히려 부모님께 속마음만 들키는 것 같아 병원 진료도 내키지 않았다.

줄어든 말수만큼 SNS 사용 시간은 늘어났다. SNS만 있으면 침대에 누워서도 세상 사람들이 어떻게 지내는지를 구경할 수 있었다. 그러던 중 트위터에서 '#우울계' '#정병계' 같은 해시태그로 자신을 소개하는 사람들을 발견했다. 본인의 감정을 여과 없이 표현하는 이들이었다. 우울감, 공허함, 외로움에 대한 그들의 글은 마치 주은이의 마음을 대변하는 듯했다. 어떤 상황 때문에 힘들어하는지 구체적으로 알 수는 없었지만, 그 감정이 자신의 것과 너무 닮아 있었기에 주은이는 만나본 적도 없는 그들과 쉽게 가까워졌다.

그러던 중 혜린이라는 친구를 알게 되었다. 주은이는 몇 시간씩 걸려가며 혜린이를 만나러 다녔다. 혜린이의 기존 '트친트위터 친구'들을 소개받기도 했다. '#우울계' 해시태그로 모여서인지 친구들은 서로에게 공감을 아주 잘해주었다. 왜 학교에는 이런 친구들이 없을까 싶어 원망스러운 마음까지 들었다. 이후 등교가 다시 시작되었으나 더는 학교생활이 재미있게 느껴지지 않았다. 친구들과 거의 대화하지 않고 점심시간에도 엎드려 잠을 잤다. 트위터 친구들이 있으니 학교 친구들은 별로 상관이 없어졌다.

혜린이 또한 부모님이나 상담 선생님보다 주은이에게 더 많이 의지했다. 혜린이가 "이렇게 사느니 죽고 싶다"라고 할 때마다, 주은이는 열심히 위로해주면서도 자신의 우울감까지 깊어지는 것 같아 괴로웠다. 그러던 어느 날 혜린이가 '이제는 정말 끝내고 싶다'라는 내용의 트윗을 올렸다. 깜짝 놀라 전화를 걸었지만, 혜린이는 약을 많이 삼킨 듯 제대로 대답을 못 했다. 주은이는 자신이 아니라면 아무

아이들의 감정, SNS 속에서 흔들리다

도 도와주지 않을 거라는 두려움에 떨며 경찰에 신고했다. 덕분에 무사히 치료를 받았지만, 주은이는 혜린이와의 관계를 유지하기가 두려워졌다.

위로이자 위험이 되는 '정서적 전염'

SNS는 대면 상호작용이 어려운 상황에서도 또래들과 연결될 수 있게 해 청소년의 삶의 만족도를 높인다. 하지만 이런 연결이 항상 긍정적이기만 한 것은 아니다. 주은이의 사례에서처럼 지지받는다고 느끼기보다 부정적인 정서가 강화될 위험도 있다.

이는 '정서적 전염emotional contagion' 이론과 맞닿아 있다. 한 사람의 감정이 다른 사람에게 전염되듯 퍼져나가 영향을 미치는 것인데, SNS에서는 감정이 텍스트, 이미지, 영상 등으로 빠르게 공유돼 이런 현상이 더 두드러진다. 이때 부정적인 감정이 긍정적인 감정보다 더 강하게 전염된다. 사람들은 우울과 분노 등이 담긴 게시물에 더 크게 반응하기 때문이다. 정서적 반응이 큰 만큼 SNS에도 더 많은 반응을 남기며 결과적으로 공유와 댓글 수도 많아진다. 이에 부정적인 감정이 더 널리, 더 오래 퍼져나간다는 것이다.[7] 또 다른 연구는 페이스북 피드에 등장하는 콘텐츠의 감정적 성격에 따라 사용자들이 작성하는 게시물 속 감정도 달라진다는 결과를 내놨다. 피드에 긍정적인 표현이 줄어들면 긍정적인 게시물은 덜 작성하고 부정적인 게시물을 더 작성하며, 부정적인 표현이 줄어들면 그 반대로 변화하는 패턴

이 관찰된 것이다.[8]

상향 비교와 반추의 악순환

아이들은 SNS에서 자신과 타인 사이의 '상향 비교upward comparison'를 자주 경험한다. 친구들의 완벽해 보이는 모습에 비추어 자기 자신을 평가하는 과정에서 스스로를 더 초라하게 느끼며 자존감도 낮아진다는 것이다. 연구에 따르면 SNS에서 자신과 다른 사람의 외모나 삶을 비교하는 청소년 중 약 31퍼센트가 자기 외모에 불만족을 느끼며, 이는 우울 증상으로 이어질 가능성이 높았다.[9]

이러한 상향 비교는 자기 비하와 반추rumination로 뻗어나갈 수 있다. 부정적인 생각이나 감정을 반복해서 되새기는 반추는 우울감과 심리적 고립을 더 심화시킬 수 있다. 트위터의 '우울계' 등은 아이들에게 공감과 위안이 되기도 하지만, 다른 사람들의 감정 표현에 우울감이 정당화되거나 더 심해지는 악순환을 만들어낼 수도 있다. 감정 표현의 기회나 사회적 지지를 제공하는 한편 비교와 반추를 촉진해 심리적 고립을 강화하는 것이다. 감정이 여전히 발달 중인 청소년기에는 이런 악순환이 더 심각한 영향을 미칠 수 있다.

'좋아요'의 한계

SNS에서의 사회적 지지가 항상 기대에 부응하는 것도 아니다. 우울한 사람들은 자신이 받는 사회적 지원을 실제보다 적게 인식하는

아이들의 감정, SNS 속에서 흔들리다

데, 이것이 다시 우울감을 악화시키는 악순환 때문이다. 게다가 SNS에서의 사회적 지지는 현실에서의 그것과 다르다. 댓글과 좋아요, 메시지 등 눈에 보이는 형태로 나타나는데, 이것이 기대한 바에 미치지 못하면 오히려 고립감이 더 심해진다. 또한 주은이의 사례에서처럼, SNS로 새로운 친구를 사귀더라도 현실에서의 친구관계가 소원하다면 정서적 안정을 보장할 수 없다. SNS에서의 관계는 피상적이고 일시적인 게 대부분이라, 현실 세계에서 이뤄진 인간관계를 대체하긴 어렵다.

결국 스스로를 해치기까지

SNS의 확산과 함께 청소년의 우울증 유병률과 자살률도 늘었다.[10] SNS를 하루 3시간 이상 활용하는 집단이 우울 증상에 훨씬 더 취약하다는 연구 결과도 보고된 바 있다.[11] SNS는 우울한 메시지, 이미지 등을 빠르게 확산시켜 자해와 자살에 친숙해지게 할 우려가 있다. 이런 콘텐츠가 자살 사고 및 행동을 정상화하거나 구체적인 자해 방법에 대한 정보를 공유하는 등의 방식으로 악용될 가능성도 제기된다.

다른 한편 SNS는 우울증과 자살 사고를 추적하고 예방하는 도구로 활용될 수도 있다. 우울증을 앓는 청소년은 부정적인 감정이나 자살 사고를 게시물에 표현하는 경향이 있다. 그런 데이터를 모니터링하면 청소년의 정서 변화를 실시간으로 관찰하고, 위기 상황에 적절하게 개입할 수 있다.

경계를 허무는 따돌림

[사례 2] 인스타그램 괴롭힘을 당한 다예

새 학기 들어 다예는 친구 네 명과 어울리게 되었다. 학교 안팎에서 늘 함께 다녔지만, 그중 수정이는 자꾸 다예를 불편하게 만들었다. 자기 의견을 도통 굽히지 않고 다른 친구들이 자기 말에 따라주기를 원하는 친구였다. 다른 친구들도 보통 수정이의 입김을 두려워해 전부 맞춰주었다. 참다못한 다예는 용기를 내 "너도 다른 사람을 조금 더 배려했으면 좋겠어"라고 말했는데, 그 말이 화근이었다.

그날 밤 친구들에게서 수정이의 인스타그램을 확인해보라는 연락이 왔다. 수정이의 스토리에는 경고 메시지가 올라와 있었다. 이름을 써놓지는 않았으나 누가 봐도 다예를 떠올리도록 쓴 '저격 글'이었다. 억울했지만 그렇다고 인스타그램에 해명을 할 수는 없었다. 그 스토리를 어떤 친구들까지 봤는지는 오직 수정이만 알 수 있으니 말이다. 더 충격적이었던 사실은, 함께 다녔던 친구 세 명까지 다예를 '언팔로'했다는 것이었다.

친구들은 인스타그램뿐 아니라 학교에서도 다예에게 인사를 하지 않았다. 다예가 무리에서 따돌림을 당한다는 소문은 금세 퍼졌다. 누군지도 모르는 계정으로부터 욕설 섞인 메시지가 날아오기도 하고, '너 애들 욕하고 다니지? 다 알아' 같은 메시지가 오기도 했다. 다예는 곧바로 '거짓말하지 마'라고 답장했지만, 또 이상한 소문이 퍼지면 어떡하나 하는 걱정이 머릿속을 떠나지 않았다. 근거 없는 소문이 퍼져나가는 상황에서, 다예는 할 수 있는 게 아무것도 없다는 무력감과 함께 점점 더 고립될 것 같다는 두려움을 느꼈다.

피해자이자 가해자이자 방관자

사이버 불링은 SNS가 일상화된 요즘 아이들 사이에서 점점 더 많이 발생하고 있는 문제다. 악의적인 메시지를 보내거나 부적절한 게시글을 올리는 행위가 그 예다. 다예의 사례처럼 온라인에서 시작해 오프라인으로 이어지기도 한다.

따돌림에는 피해자와 가해자, 방관자가 있는 게 보통이다. 그런데 SNS상의 따돌림에서는 세 그룹 간의 경계가 모호하다. 악성 댓글, 허위 정보, 의도적인 배제 등으로 고통을 겪는 피해자는, 반격을 시도하다가 또 다른 가해자로 변신하기도 한다. 가해자는 그런 행동들로 피해자에게 직접적인 상처를 입히는데, 특히 익명성이 보장된 플랫폼에서 괴롭힘에 더 적극적이다. 방관자는 악성 콘텐츠를 공유하거나 '좋아요'를 누르면서 의도치 않게 가해자가 되는 부류다. 이러한 상호작용 때문에 구분이 더 흐릿해진다. 실제로 소아 청소년 사이에서는 서로가 상대를 가해자로 지목할 때가 종종 있는데, 각자가 가해자이자 피해자인 상황이 적지 않은 것이다.

괴롭힘의 확산, 공격성의 정당화

SNS 자체가 괴롭힘에 용이하기도 하다. 우선 접근성과 검색성 때문이다. SNS 환경에서 피해자는 쉽게 특정되며, 이는 학교나 지역사회 내에 소문을 퍼뜨리거나 공격 대상을 찾는 데 악용될 수 있다. 게다가 편집 가능하고 익명성이 보장되기 때문에 게시물을 삭제하거나 수정함으로써 혐의를 부인할 수 있다. SNS의 '좋아요', 댓글, 공유 기능은 따돌림 메시지를 더 많은 사용자에게 전달한다. 이것이 피해자의 심리적 고립감을 더하며 사태는 더 악화된다.

나아가 SNS는 공격적인 행동을 용인하거나 정당화하는 환경을 만들 수 있다. 조롱이나 비난 같은 언행에 반복적으로 노출되면 점차 그것을 자연스럽게 받아들이게 된다. 이렇게 형성된 온라인 규범은 아이들의 감정 표현 방식과 또래관계에 영향을 주고, 실제 생활 속 행동으로까지 이어질 수 있다.

첫째, '탈억제 효과disinhibition'다. SNS에서는 비언어적 신호를 알아채기 어렵다. 상대의 상처받은 표정을 직접 마주하지 않아도 되는 것이다. 또한 익명성이 있어 가해에 대한 책임을 회피하거나, 동일한 가해를 반복적으로 가할 확률이 높아진다. 이로 인해 평소 억제되었던 공격성이 쉽게 드러난다.

둘째, 스트레스 해소의 수단으로 작용한다. 소아 청소년은 스트레스를 발산하고자 SNS를 사용하기도 한다. 감정 조절 능력이 충분히 성숙하지 못한 아이들에게 SNS는 공격적인 감정을 분출할 수 있는 안전한 공간처럼 느껴지기 때문이다. 그래서 즉흥적이고 날카로운 표현을 하게 되는데, 이것이 타인을 향해 겨누어지면 괴롭힘이 발생할 수 있다.

셋째, 공격적 행동의 학습 및 강화다. 온라인에서 공격적인 행동을 자주 목격하다보면 그것이 사회적으로 용인된다고 인식할 수 있다. 특히 이런 언행으로 또래에게 긍정적인 반응('좋아요', 댓글 등)을 받는다면 행동이 더 강화된다. 이것이 누적되면 집단 내 규범처럼 자리잡을 수 있고, 청소년들이 이를 따라 하면서 공격적 행동을 학습하고 내면화할 가능성이 더 높아진다.

틱톡 속 완벽함의 함정

[사례 3] 외모에 집착하게 된 틱토커 수아

수아는 중학교에 올라가면서 같은 여학생들과의 관계가 어려워졌다. 여학생들 사이에서는 언제나 소문이 돌았다. 친하게 지내던 친구들조차 갑자기 수아를 멀리하곤 했다. 불안감 속에서 수아는 남학생들과 더 편하게 지냈다. 키가 크고 늘씬한 덕분에 남학생들이 쉽게 다가왔고, 이는 수아에게 큰 안정감을 주었다.

고등학교에 들어간 뒤에는 댄스 학원에 다니기 시작했다. 어느 날에는 친구들과 찍은 춤 연습 영상을 틱톡에 올렸다가 큰 반응을 얻기도 했다. 얼굴도 모르는 사람들로부터 '좋아요'를 받으니 으쓱해진 수아는 틱톡에 더욱 몰두하게 됐다. 영상을 올릴 때마다 즉각 댓글이 달렸다. 수아를 성적으로 표현하는 사람들도 있었고, 용돈을 줄 테니 몸 사진을 보내달라거나 오프라인에서 만나자는 내용의 개인 메시지를 보내는 사람들도 있었다. 관심과 칭찬으로 가득한 틱톡 세계는 실제보다 더 실제 같았다. 학교 친구들과의 관계는 더 이상 중요하지 않아졌다.

영상이 인기를 끌수록 수아는 외모에 더 신경 쓰게 되었다. 다른 인플루언서의 이목구비와 자신의 것을 비교했고, 더 예뻐 보이는 필터를 적용했다. 이제는 셀카 속 얼굴이 거울 속 얼굴보다 더 자연스럽게 느껴질 정도였다. 앉을 때마다 배가 접히거나 두 허벅지가 붙는 등 '살찐 느낌'이 드는 것도 괴로웠다. 이에 수아는 식사를 줄이기 시작했다. 목표 체중이 있는데도 식욕을 못 참을 때면 자신이 혐오스러워져 먹은 것을 토해내야만 편히 잠들 수 있었다. 바라던 대로 체중이 줄면서 수아는 자신의 체형이 더 잘 드러나는 영상을 업로드했으며 다른 사람들의 반응을 끊임없이 확인했다. 수아는 틱톡에서의 인기에 사로잡혀 현실에서의 자신감을 잃어갔다.

자기 몸에 대한 생각

'신체 이미지body image'는 자신의 외모에 대한 생각 및 감정으로, 소아 청소년의 정체성을 형성하는 데 중요한 역할을 한다. 부정적인 신체 이미지는 불안과 우울, 수치심 등 부정적인 정서를 유발하며 심하면 자살 사고로까지 이어진다.

스마트폰 사용 시간이 길어질수록 신체 이미지에 대한 왜곡된 인지가 증가할 수 있다고 밝혀낸 연구들이 있다. 한국의 한 연구에 따르면, 스마트폰을 하루 5시간 이상 사용하는 청소년이 하루 2시간 이하로 사용하는 청소년에 비해 자신의 체중을 과대평가하거나 잘못된 감량 방법을 시도할 가능성이 유의미하게 높았다.[12] 페이스북을 단 10분만 탐색해도 외모와 관련 없는 웹사이트를 탐색한 참가자들보다 훨씬 더 부정적인 감정을 보고했다는 연구 결과도 있다.[13] 틱톡, 인스타그램 등 이미지 중심의 SNS는 초등학생을 포함한 어린 연령대에서도 활발히 사용되고 있다. 특히 초등학교 4학년부터 중학생 사이의 아동·청소년은 틱톡과 같은 짧은 영상 콘텐츠에 가장 많이 노출되는 집단으로, 이 시기의 신체 이미지 형성 과정에 더 강한 영향을 미칠 수 있다.[14]

신체 이미지 중심의 콘텐츠에 노출되고 '좋아요'나 댓글 같은 반응을 받다보면 신체 이미지로 자신을 표현하려는 경향이 강해진다. SNS에는 늘 비현실적으로 화려하게 꾸며진 모습들이 등장해, 타인의 시선에서 자신을 바라보는 습관도 생긴다. 이런 식으로 신체 이미지에 대한 불만족이 쌓이면 점점 자기 자신에게 실망하고, 있는 그대로의 자신을 받아들이기 어려워질 수 있다.

어떤 몸을 옹호할 것인가

SNS는 섭식 장애 옹호 콘텐츠나 커뮤니티를 확산시키기도 한다. 거식증anorexia에 찬성pro한다는 의미의 '프로아나pro-ana' 등의 용어를 사용하는 몇몇 커뮤니티를 예시로 들 수 있다. 이런 커뮤니티들은 매우 마른 인물이나 마르게 편집된 신체 이미지를 공유하며 비현실적인 외모를 강조한다. 비정상적인 감량 방법을 공유하며 섭식 장애가 하나의 생활 방식인 양 오도하기도 한다. 아이러니하게도 이는 사회적 지지에 대한 욕구에서 비롯된다. 섭식 장애 환자 중에는 수치심과 낙인 때문에 충분히 지지받지 못하는 사람이 많다. 그런 이들에게 온라인 공간은 행동으로 판단받지 않는 데다 같은 경험을 공유하는 사람들과 연결될 수도 있는 위안의 장소가 된다.

반대로 신체의 다양성을 옹호하는 '긍정적인 신체 이미지body-positive' 콘텐츠는 신체 이미지 왜곡을 완화할 수 있다. 편집 없이 자연스러운 몸의 이미지, 현실적인 체형, '있는 그대로도 괜찮다'라는 메시지를 담은 콘텐츠들이 청소년의 신체 이미지를 개선할 수 있음을 보여준 연구가 있다.[15] SNS에서 어떤 콘텐츠에 노출되고 어떤 메시지를 접하는지에 따라 SNS의 영향도 완전히 달라질 수 있다는 것이다. 소아 청소년이 이런 콘텐츠에 더 많이 노출된다면 외모 집착이나 신체 이미지 왜곡이 줄고, 자아상을 더 건강하게 발전시킬 수 있을 것이다.

아이들의 감정, SNS 속에서 흔들리다

가짜 영상, 진짜 상처

[사례 4] 딥페이크 피해로 등교가 힘들어진 지수

지수는 이목구비가 또렷하고 피부가 하얘 예쁘다는 말을 자주 들었다. 칭찬을 받을 때마다 기분이 좋아져 인스타그램에 셀카를 더 자주 올리게 됐다. 덕분에 인기가 많아져 친구도 쉽게 사귈 수 있었고, 다른 학교의 남학생들과 연락을 주고받는 일도 많아졌다.

그러던 어느 날, 지수는 자신의 얼굴이 합성된 선정적인 사진이 남학생들 채팅방에서 돌아다니고 있다는 충격적인 소식을 들었다. '딥페이크'라는 인공지능 기술을 이용하면 평범한 셀카 속 얼굴을 다른 사진에 합성할 수 있는데, 누군가 지수의 셀카로 그런 사진을 만들어 공유하고 있었던 것이다. 지수는 그 사진을 몇 명이나 봤을지, 본 사람이 자신을 오해하지는 않을지 걱정되었다. 또, 이런 일로 거짓 소문이 퍼지지는 않을지 불안해졌다. 학교폭력위원회도 생각했지만 잘못된 소문만 더 퍼질까봐 망설여졌다. 자신을 좋아하고 친근하게 대했던 친구들 중 자신을 성적인 대상으로만 여긴 사람이 있었으리란 생각에 지수는 혼란스러워졌다.

다음 날 등교한 지수는 남학생들이 잠깐이라도 쳐다볼 때마다 '저 친구도 봤을까?' '나에 대해 어떤 생각을 하고 있을까?' 하는 생각으로 가슴이 답답해졌다. 이런 생각이 계속되자 친구들이 쳐다보기만 해도 극도의 불안이 찾아왔고, 학교 가기가 두려워졌다.

딥페이크 트라우마

'딥페이크deepfake'는 인공지능으로 사진이나 영상을 조작해 실제 같은 가짜 이미지를 만들어내는 기술이다. 단순히 재미로 사용되기도 하지만 디지털 성범죄, 협박, 도용 등 범죄에 악용되는 일이 늘어나고 있다. 빠르게 확산하고 있으나 장기적인 영향은 아직 명확히 드러난 바 없다. 청소년은 충동 조절이 미숙하고 위험 감수 행동risk-taking behavior을 자주 보이기에, 딥페이크의 피해자뿐 아니라 가해자가 될 위험도 크다.

사이버 불링의 한 형태인 딥페이크는 피해자의 사회적 평판을 훼손한다. 목적은 다른 사이버 불링과 마찬가지로 피해자를 모욕하거나 위협, 통제하려는 것이다. '다른 친구들이 나를 어떻게 볼까?' 하는 불안은 친구들과의 상호작용을 회피하게 만들고, 이는 학교에서의 고립으로 이어질 수 있다. 사건이 평생 따라다닐지도 모른다는 두려움도 겪는다.

또한 문제가 되는 것은 성적 대상화에 대한 트라우마다. 피해자를 성적 대상으로만 전락시키는 딥페이크는 심각한 수치심과 상처를 남길 수 있다. 거짓 미디어가 워낙 빠르게 퍼지는 탓에 막아낼 수 없다는 무력감을 느끼기도 한다. 이러한 피해는 청소년기뿐 아니라 성인기 이후의 평판, 대인관계, 취업 등에도 부정적인 영향을 미칠 수 있다.

딥페이크 피해를 직접 겪지 않고 목격만 했더라도 심리적 고통을 겪을 수 있다. 피해자가 가까운 친구라면, 공모자가 된 듯한 죄책감을 느끼기도 한다. 거기에 다른 사람들에게 판단받을지 모른다는 두려움, 보복에 대한 걱정 등이 겹쳐져 도움을 주기를 꺼릴 수 있다. 실제로 괴롭힘을 목격하는 것만으로 스트레스와 불안, 공감 기반의 심리적 고통이 증가할 수 있다는 연구 결과가 있다.[16]

밤을 삼킨 SNS

[사례 5] 밤새워 틱톡을 보는 세찬이

세찬이는 조용한 성격의 중학생으로, 방과 후 대부분의 시간을 SNS에 빠져 보냈다. 유튜브와 인스타그램에서 흥미로운 영상들을 스크롤하는 것이 하루 중 가장 즐거운 시간이었다. 어떤 영상을 볼지 고민할 필요조차 없었다. 알고리즘은 세찬이의 관심사를 정확히 파악했고, 영상 하나가 끝나면 곧바로 다음 영상으로 넘어가면서 순식간에 시간을 흘려보냈다. 밤이면 그 유혹이 더 심해졌다. 세찬이는 친구들과 채팅하거나 서로의 일상을 구경하며 하루를 마무리하곤 했다.

짧고 자극적인 틱톡 영상을 보다보면 시간 가는 줄을 몰랐다. 침대에 누워 스크롤을 멈추지 못하는 밤, 세찬이는 '조금만 보고 자야지'란 다짐을 매번 지키지 못했다. 결국 새벽이 다 되어서야 잠들어 아

중독되는 아이들

침마다 힘겹게 눈뜨는 일이 반복됐다. 만성적인 피로 때문에 일상에 지장이 갔다. 학교에서는 졸음을 참느라 수업에 집중하기 어려웠다. 그 밖에도 과제를 놓치거나 수업 내용을 따라가지 못하면서 학업 성적은 점점 떨어졌다. 수면 부족으로 예민해지며 부모님과 사소한 일로 다투게 됐고, 짜증 섞인 말투 때문에 대화가 단절되기도 했다. 세찬이 스스로도 이런 상황에서 벗어나고 싶었다. 그렇지만 밤만 되면 다시 스마트폰을 손에 쥐고 화면 속 세상으로 빠져드는 것을 멈출 수가 없었다.

잠을 빼앗기다

밤늦게까지 SNS를 들여다보는 것은 이미 많은 사람의 일상이 됐다. 이런 습관은 수면 시간을 단축시키고 수면의 질을 떨어뜨린다.[17] 스마트폰과 태블릿의 블루라이트가 멜라토닌 분비를 억제해 일주기 리듬을 교란하기 때문이다. 이에 잠들기까지의 시간이 길어지고, 깊은 잠을 방해받아 수면의 질이 저하된다. 청소년기에는 일주기 리듬 자체도 뒤로 밀려 가뜩이나 잠드는 시간이 늦어진다. 이때 밤늦게 SNS까지 사용하면 문제가 더 악화될 수밖에 없다.

단순히 피로의 문제가 아니다. 수면 부족은 청소년의 삶 전반에 부정적인 영향을 미친다. 기억력과 문제 해결 능력이 떨어지며, 이는 학업 성취도 저하로 이어진다. 짜증과 분노를 증가시켜 부모나 친구와의 갈등을 초래하기도 한다. 장기적으로는 면역 체계 약화와 성장

호르몬 분비 감소를 불러와 신체 발달에까지 악영향을 미칠 수 있다.

집중력을 빼앗기다

짧고 자극적인 콘텐츠 위주인 SNS를 이용하다보면 특정 작업에 긴 시간 집중하기 어려워진다. 대신 새로운 자극을 추구하며 끊임없이 화면을 스크롤하게 된다. 예를 들면 아이들 사이에서 큰 인기를 끄는 플랫폼 틱톡이 있다. 5초에서 2분 길이의 동영상을 공유하는 이 플랫폼은 짧은 시간 안에 사용자의 관심을 끈 뒤 다음 콘텐츠로 넘기도록 유도한다. 사회학자 줄리 올브라이트는 틱톡 영상이 '최면에 걸린 듯 계속 보게 만드는' 특징을 가지고 있으며, 뇌의 보상 체계를 자극해 쾌감을 느끼는 상태에 빠뜨릴 가능성이 높다고 설명했다.

이런 즉각적인 자극은 청소년의 집중력 발달을 저해한다. 짧고 자극적인 콘텐츠에 노출될수록 길고 심도 있는 콘텐츠를 소비하기는 점점 더 어려워진다. SNS의 콘텐츠는 화려한 시각적 요소, 간결한 텍스트, 빠르게 전달되는 메시지가 합세해 콘텐츠를 최소한의 에너지로도 소비할 수 있도록 만들어져 있다. 그런 콘텐츠를 소비할 때 뇌는 깊은 사고를 요하는 정보보다는 쉽고 얕은 자극에만 반응하게 된다. 실제로 틱톡 사용자의 절반은 1분이 넘는 영상에 스트레스를 느낀다고 보고했다. 짧은 콘텐츠에 과도하게 노출되면 집중력이 약화될 수 있음을 보여주는 결과다.

SNS는 이제 아이들의 삶을 구성하는 중요한 환경이 되었다. 이 장에서는 SNS가 아이들의 정체성과 자존감, 감정 조절에 영향을 미치는 방식을 여러 사례를 통해 살펴보았다. SNS는 친구를 사귀고 위로를 받는 공간이 되기도 하고, 비교와 소외, 과몰입 속에서 상처를 키우는 공간이 되기도 했다.

부모로서 우리가 할 수 있는 일은 아이를 이 환경으로부터 완전히 떼어놓는 것이 아니라, 옆에서 함께 걸어주는 것이다. SNS를 못 하게 하는 것보다 더 중요한 것은 아이가 그 안에서 어떤 경험을 하고 있는지를 호기심 가득한 눈으로 들여다보는 것이다. 그리고 무엇보다도, '힘들 땐 언제든 부모에게 도움을 요청할 수 있다'는 믿음을 심어주는 것이다. 그러려면 아이의 입장을 이해하고 현실적인 타협점을 찾아야 한다. 아이가 부모를 신뢰할 수 있다면, 그 신뢰가 완벽한 통제보다도 더 강력한 보호막이 되어주니 말이다. SNS 세상은 완벽하게 안전한 공간은 아니다. 하지만 부모와 아이가 꾸준히 대화하고 조율해나간다면, 그 속에서도 건강한 성장은 가능할 것이다.

6장

게임에 빠진 아이들

홍지선

아이들은 왜 게임에 빠져들까

[사례 1] 게임이 하루의 중심이 된 시후

아침 7시 30분, 초등학교 5학년생인 시후가 알람 소리에 벌떡 일어난다. 손에는 어젯밤에도 놓지 않았던 스마트폰이 쥐어져 있다. 학교 수업 중에도 머릿속엔 게임 생각이 가득해서, '브롤볼'과 '젬 그랩'에서 사용할 조합 전략을 선생님 몰래 적어보곤 한다. 쉬는 시간에는 스마트폰을 꺼내 친구들과 한 판 즐긴다. 시후의 '트로피' 수에 감탄한 친구들이 '브롤의 신'이라며 시후를 한껏 띄운다. 오후 4시, 집에 도착한 시후는 숙제를 빠르게 마친 뒤 다시 게임의 세계로 뛰어든다. 책상에 앉아 헤드셋을 쓰곤 '클럽전'에 참가할 팀원들과 음성 채팅을 시작한다. '모티스'를 선택한 시후가 팀원들과 공격 타이밍을 조율한다. 화면을 빠르게 터치하며 상대방을 기습하고 '젬'을 탈취한다. 저녁 식사 시간, 테이블 위에 스마트폰을 올려놓은 시후는 부모님이 잔소리를 하는데도 계속 화면을 힐끔거린다. 이벤트에 제때 참여하지 못하면 랭크가 떨어질 수 있기 때문이다. 밤 10시, 시후는 1만5000점을 넘은 '트로피'를 자랑스레 바라본다. 내일은 '파워리그'에서 더 높은 순위에 오르리라 다짐하며 잠든다.

게임이 일과의 상당 부분을 차지하는 이런 사례가 드물지 않게 나타나고 있다. 우리나라 초등학생의 상당수는 방과 후 상당량의 시간을 모바일 게임에 할애하며, 그 속에서 친구들과 소통하고 경쟁하는 것을 주된 즐거움으로 삼는다. 특히 랭킹 시스템과 수집 요소가 높은 몰입을 유도한다. 중고등학생들 역시 스트레스를 해소하거나 우정을 돈독히 하고자 게임에 적극적으로 참여한다. 팀플레이 요소가 중요한 전략 게임과 슈팅 게임은 경쟁심을 자극하고 또래 문화를 구축하며 높은 인기를 구가하고 있다.

학생들이 이처럼 게임에 몰입하는 것에 대해 부모 세대는 우려가 크다. 도박처럼 중독돼 끊을 수 없게 되는 것은 아닌지, 뇌에 안 좋은 것은 아닌지, 어느 정도나 허용해야 하는지, 치료를 받으러 가야 하는 기준은 무엇인지…… 학부모라면 한 번쯤 품어봤을 질문들이다.

우리 아이들은 디지털 기술이 일상화된 세상에서 태어나고 자라난 '디지털 네이티브'다. 2001년 미국의 교육학자 마크 프렌스키가 처음 사용한 이 단어는 디지털 기기 및 인터넷의 발전과 함께 성장한 세대를 설명하고자 만들어졌다. 스마트폰과 컴퓨터 등의 기기와 인터넷, 소셜 미디어 등의 기술을 어릴 때부터 자연스럽게 접한 만큼 이를 활용하는 능력이 뛰어나다는 특징이 있다. 이처럼 디지털 기기와 기술에 익숙한 세대에게 게임은 단순한 여가 활동을 넘어 디지털 문화의 핵심 요소가 됐다. 어릴 적부터 컴퓨터, 콘솔, 스마트폰 등을 매개로 게임에 노출된 아이들은 이를 통해 다양한 경험을 쌓는다. 그렇다면 디지털 네이티브들이 이토록 게임에 열광하는 이유는 무엇일까?

아이들이 게임에 빠져드는 것은 게임이 펼쳐지는 인터넷 가상 공간을 '자신만의 공간'으로 여기기 때문이다. 청소년기는 인간 생애에서 가장 불안정하고 변화가 많은 시기로 이때 아이들은 종종 반항적인 태도를 보이기도 한다. 현실 적응에 어려움이 따를 때는 가상의 세계를 넘나들며 자신을 위로하고 욕구를 분출한다. 제 나름의 자기, 즉 '정체성'을 확립해나가는 것이다.

그뿐 아니라 게임은 본질적으로 재미있도록 설계돼 있다. 스토리와 캐릭터, 그래픽, 음향 효과 등의 요소가 서로 결합돼 몰입감 있는 경험을 만든다. 현실 세계에서와는 다른 신나는 모험과 도전의 경험 말이다. 게임에서 뭔가를 성공시키면 즉각 보상이 제공되며 이런 긍정적인 피드백은 계속해서 아이들을 끌어들인다. 도전 과제는 고정되어 있지 않으며 갈수록 난도가 높아지고 종류가 다양해진다. 스스

게임에 빠진 아이들

로 목표를 설정하고 달성하다보면 성취감이 느껴진다. 이는 지속적인 동기 부여 요소가 되어, 더 높은 레벨에 도달하고 더 어려운 도전을 해결하고자 하는 의욕을 불러일으킨다.

사회적 상호작용도 큰 매력이다. 게임 중에서도 멀티플레이어 게임은 친구들과 함께 놀 수 있는 장소가 된다. 게임에서 팀을 이루거나 맞서 싸우다보면 협력과 경쟁을 동시에 경험할 수 있다. 이 과정에서 친구들과 더 가까워지며 때로는 새로운 친구를 사귀기도 한다. 또한 현실의 한계나 통제를 벗어나, 개성을 자유롭게 표현하며 자신을 드러낼 수 있다는 점도 큰 매력으로 다가온다. 원하는 대로 캐릭터를 커스텀하거나 자신만의 공간을 디자인하고 창의적인 방식으로 문제를 해결하는 등의 활동은 자기표현에 도움이 된다.

어떤 아이들에게 게임은 스트레스를 해소할 구멍이다. 억눌린 감정을 발산하거나 현실에서는 불가능한 강렬한 경험을 시뮬레이션할 수 있기 때문이다. 특히 불안-우울 수준이 높은 아이들이 게임을 통해 현실에서 도피하는 경향이 있다. 현실 속 대인관계에 대한 불안감이 높고 자존감이 낮으며 열등감을 경험하는 아이들이다. 그로부터 도피하고자 가상 세계를 이용하는 탓에 게임에 쉽게 빠져든다는 것이다.

인터넷 게임 중독이란

'인터넷 중독Internet Addiction'이라는 개념은 1990년대 중반에 처음 등장했다. 인터넷이 급격히 확산되며 과도한 인터넷 사용의 부작용이 나타나기 시작하던 시기다. 미국의 정신과 의사 킴벌리 영이 인터넷 사용 문제를 겪는 사람들에 대한 연구 논문으로 이 개념을 소개했다. 이후 데이비드 그린필드, 마크 그리피스 등의 학자가 연구를 발전시키고 2000년대 이후에는 국제적으로도 관심이 집중되면서 인터넷 중독을 진단하는 일관된 기준이 필요해졌다. 이에 『정신질환 진단 및 통계 편람DSM』 5판에 '인터넷 게임 장애Internet Gaming Disorder'가 (추가 연구가 필요한) 조건부 진단으로 포함됐으며(2013), 국제질병진단분류ICD의 11번째 개정판에는 '게임 장애Gaming Disorder'라는 진단이 공식 등재되었다(2018).

각각의 진단 기준은 다음과 같다.

게임을 하기 위해(특히 다른 플레이어들과 함께하는 경우가 많음) 인터넷을 지속적이고 반복적으로 사용하는 행동이 심각한 문제나 고통을 초래하며, 다음 중 5가지 이상이 12개월 동안 나타날 경우 해당된다.

1. 인터넷 게임에 대한 몰두
   - 이전 게임 내용을 생각하거나 다음 게임 실행에 대해 예상함
   - 인터넷 게임이 하루 일과 중 가장 지배적인 활동이 됨
2. 인터넷 게임이 제지될 경우 나타나는 금단 증상
   - 전형적으로 과민성, 불안 또는 슬픔으로 나타나며, 약리학적 금단 증상의 신체적 징후는 없음
3. 내성 – 점점 더 오랜 시간 게임을 하게 됨
4. 인터넷 게임 참여를 통제하려는 시도에 실패함
5. 인터넷 게임이 아닌 취미나 오락 활동에 대한 흥미의 감소
6. 인터넷 게임이 자기 삶에 얼마나 많은 영향을 미치고 있는지 알면서도 계속해서 인터넷 게임을 과도하게 사용함
7. 인터넷 게임을 사용한 시간에 대해 타인(가족, 치료자, 또는 타인)을 속임
8. 부정적인 기분에서 벗어나거나 이를 완화시키기 위해 인터넷 게임을 함
   - 예: 무력감, 죄책감, 불안
9. 인터넷 게임 참여로 인해 중요한 대인관계, 직업, 학업 또는 진로 기회가 위태로워지거나 상실됨

주의점: 이 장애의 진단은 도박이 아닌 인터넷 게임만 포함한다. 업무 및 직업상 요구되는 활동으로서의 인터넷 사용은 포함하지 않으며, 그

외 기분 전환 및 사회적 목적의 인터넷 사용 또한 포함되지 않는다. 마찬가지로 성적인 인터넷 사이트도 제외한다.

현재의 심각도를 명시할 것: 인터넷 게임 장애는 일상 활동이 손상된 정도에 따라 경도, 중등도, 고도로 나눈다. 심각도가 덜한 사람은 증상이 더 적고 일상에서의 손상도 더 적을 것이다. 심각한 사람은 컴퓨터 앞에서 더 많은 시간을 보내고, 대인관계나 진로, 학업에서도 상실이 더 클 것이다.

ICD-11 게임 장애 진단 기준

게임 장애는 지속적이거나 반복적인 게임 행동('디지털 게임' 또는 '비디오 게임')의 패턴을 특징으로 하며 온라인(즉, 인터넷을 통해) 또는 오프라인에서 발생할 수 있다. 그 증상은 다음과 같다.

1. 게임에 대한 조절력의 손상(예: 시작, 빈도, 강도, 지속 시간, 종료, 맥락)
2. 게임이 다른 관심사나 일상생활보다 우선적인 활동이 됨
3. 부정적인 결과가 발생했음에도 게임을 지속하거나 더 늘림

게임 행동의 패턴은 연속적이거나 삽화적, 반복적일 수 있다. 이러한 패턴이 개인이나 가족, 사회, 교육, 직업 또는 다른 중요한 기능 영역에서 현저한 고통이나 유의미한 손상을 일으킨다. 진단을 위해서는 위와 같은 게임 행동 패턴이나 기능 손상이 최소 12개월 동안 지속되어야 하지만, 모든 진단 요건이 충족되고 증상이 심각하다면 필요한 기간이 단축될 수 있다.

두 진단 기준은 비슷한 듯 다르다. DSM-5의 인터넷 게임 장애는 알코올 중독 같은 '물질사용장애'에서처럼 점진적인 통제력 상실, 내성 및 금단증상 등의 특징을 내세우고 있다. 한편 ICD-11의 게임 장애는 '중독 행동으로 인한 장애' 분류에 도박장애와 함께 '행위중독 질환'으로 포함된다.

게임 중독은 정말 '중독'일까

우리는 '중독'이라는 용어를 일상적으로 사용한다. 이미 정신 질환으로 등재돼 있는 알코올 중독, 마약 중독, 도박 중독부터 추후 정식 질환이 될 가능성이 있는 쇼핑 중독, 스마트폰 중독, 포르노 중독, 그 외 일상적인 활동에 관련된 일 중독, 운동 중독, 연애 중독, 탄수화물 중독까지 어디에나 쉽게 갖다 붙인다. 그러나 의학적으로 '중독'은 신중하게 써야 하는 용어다.

인터넷 게임 중독이 진정한 의미에서 '중독'인지에 대한 학계의 논의는 오랫동안 이어져왔으며 현재진행형이다. 중독은 전통적으로 알코올, 마약, 담배와 같은 물질이 뇌의 보상 시스템에 영향을 미쳐 발생하는 행동으로 정의되어왔다. 하지만 인터넷 게임 중독에서는 물질이 아닌 행동이 중심이 되니 중독으로 분류해도 되는지에 대해서는 의견 차이가 있다. 일부 연구자들은 이것이 행위 중독의 일종으로, 도박 중독에서와 비슷한 뇌 내 보상 시스템을 자극한다고 주장한다. 도파민 같은 신경전달물질의 분비를 촉진해 게임에 지속적으로 몰입하게 만들고 통제력 상실, 금단증상, 내성, 기능 손상 등 중독의 전형적인 특징을 보인다는 것이다. 반면 다른 학자들은 이런 분류가 과도하다고 주장한다. 인터넷 게임 중독은 특정한 인지적, 심리적 문제 때문에 이차적으로 발생할 수 있으며, 기존의 중독과는 개념이 다르다는 것이다. 또한 여느 중독과 달리 발달 중인 소아 청소년기에 유독 두드러진다는 점에서 특정 시기의 이행기적 발달 현상일 수도 있음을 간과해서는 안 된다고 주장한다. 문화에 따라 다른 기준을 적용할 수 있으니 문화적 요소까지 고려해야 한다는 점도 그들이 강조하는 부분이다.

뇌 영상에 나타난 증거

뇌 영상 연구는 인터넷 게임 중독이 행위 중독과 비슷한 특성을 지닐 수 있다는 점을 뒷받침하는 근거로 자주 언급된다. 주로 기능적 자기공명영상fMRI, 양전자 방출 단층 촬영술PET 등의 기술로 중독자의 뇌 구조 및 기능 변화를 분석한 연구들이다. 하지만 이러한 연구 결과도 관점에 따라 해석이 갈린다.

인터넷 게임 중독을 '중독'으로 보는 연구자들은 게임 중독의 뇌 메커니즘이 도박 중독이나 약물 중독과 유사하다고 주장한다.

우선 뇌의 보상 시스템이 변한다. 인터넷 게임 중독자의 뇌에서도 보상과 관련된 영역, 특히 도파민 경로에 변화가 나타났다. 인터넷이 알코올이나 마약처럼 '중독 물질'로 작용해, 선조체, 편도, 해마, 배외측전두엽, 안와전두엽 등 보상 관련 영역을 더 강하게 활성화했다. 뇌과학적 관점에서 '보상 행동'이란 뇌의 보상 시스템을 활성화해 긍정적인 감정을 유도하고 행동을 강화하는 특정 자극이나 행동이다. 중독성 물질의 영향이 훨씬 더 강력하긴 하지만, 도박이나 인터넷 중독 같은 행위도 영향을 미치는 건 사실이니 마찬가지로 '중독'이라는 것이다.

전두엽 기능에도 변화가 있었다. 인터넷 게임 중독자들의 뇌 영상에서는 전두엽 피질 활동 저하가 두드러진다. 충동 조절, 의사 결정, 감정 조절 등에 중요한 전두엽의 기능이 저하되면 충동을 억제 못해 게임에 지나치게 몰입할 수 있다. 일부 연구는 뇌의 구조 자체가 달라질 수 있다고 보기도 한다. 예를 들면 인터넷 게임 중독자들의 대뇌 회백질 양이 감소한다는 연구 결과가 있다. 지속적인 게임 활동이 뇌의 기능뿐 아니라 물리적 변화까지 일으킬 수 있음을 시사하는 결과다.

반면 인터넷 게임 중독을 중독으로 보지 않는 연구자들은 연구 결과를 다르게 해석하거나 그것이 중독을 입증하기에 충분하지 않다고 주장한다.

먼저 뇌의 변화가 게임 중독의 원인인지 결과인지 불분명하다는 관점이 있다. 게임 중독이 뇌의 구조와 기능에 변화를 일으킨 것인

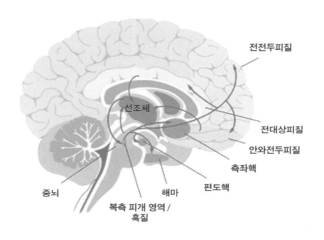

전전두피질

선조체

전대상피질

안와전두피질

측좌핵

중뇌   해마   편도핵

복측 피개 영역 /
흑질

보상에 대한 반응과 관련이 있는 뇌 부위들.

지, 그 전부터 존재하고 있던 뇌의 특성, 즉 '취약성'이 중독 행동으로 이어진 것인지 단정하기 어렵다는 것이다.

연구 결과를 연구자마다 다르게 해석한다는 지적도 있다. 예컨대 일부 연구는 인터넷 게임 중독자들의 뇌와 다른 중독자들의 뇌를 비교하는데, 이때 둘 사이에 비슷한 뇌 메커니즘이 발견되기도 한다. 그러나 다른 중독과 비슷한 메커니즘이 나타난다고 해서 반드시 중독으로 분류해야 하는 것은 아니다. 뇌의 보상 회로 중에서도 선조체는 쾌락 행동의 증가와 관련이 있다. 이곳에서 도파민이 생성되고 분비되는데, 도파민이 많이 만들어질수록 충동과 쾌락이 강해진다. 하지만 '많이' 분비된다는 것의 기준이 모호할뿐더러, 인터넷이 중독 물질이나 도박만큼 도파민 분비를 증가시킨다는 근거도 부족하다. 무언가에 집중하거나 공부, 운동 등 생산적인 활동을 할 때도 도파민 분비가 늘어나기에 도파민이 더 많이 나온다고 무조건 '중독'이라고 할 수는 없다. 단순히 게임에 몰두하는 사람과 병리적인 중독자의 뇌 변화 차이를 구분하기 어렵다는 문제도 있다.

프로게이머와 게임 중독자, 무엇이 다른가

게임에 몰두하는 아이의 보호자는 게임 이용 시간을 들어 아이를 중독자로 규정짓곤 한다. 하루에 10시간씩 하는데 중독이 아닐 수가 있느냐는 것이다.

그러나 중독인지 아닌지 구분하는 데는 이용 시간 외에도 다른 기준들이 필요하다. 프로게이머도 하루 10시간 넘게 게임을 하지만, 이들은 게임 중독자와는 명백하게 다르다. 프로게이머는 최고의 명문 대보다 더 높은 경쟁률을 뚫고 연습생으로 선발된 뒤 본경기에 출전하기까지 몇 년의 후보선수 생활을 거친다. 이들은 게임을 단순히 많이 하는 게 아니라 구단의 관리하에 체계적으로 훈련한다. 조직적으로 연습하고 체력을 증진시키는 건 물론 식단과 수면 리듬 등이 규칙적으로 유지되는 환경에서 스트레스 관리, 자기 통제, 목표 설정 등 심리적 기술까지 발달시킨다. 반면 게임 중독자는 게임을 스트레스 해소를 위해 사용하는 경향이 강하며, 그 탓에 다른 일상 활동을 소홀히 하고 사회적으로 고립되거나 우울, 불안 등의 문제를 겪곤 한다.

두 집단의 차이는 뇌 영상 연구에서도 발견된다. 프로게이머의 뇌는 게임에 필요한 특정 기술과 능력을 연습하며 긍정적으로 변해간다. 예를 들면, 한 게임을 오랜 기간 집중적으로 연습한 결과 전두엽 및 두정엽의 피질 두께가 증가하기도 한다. 뇌의 이 부분은 실행, 공간 인지, 주의 전환 등 고도의 인지 능력과 관련된다. 우측 상부 전두엽 피질의 두께는 승률과 긍정적인 상관관계를 보이기도 하며, 이것이 두꺼울수록 인지 유연성과 문제 해결 능력이 좋았다. 반면 게임 중독자는 이런 긍정적인 변화보다 부정적인 변화를 더 많이 겪었다. 뇌의 기능적 연결성이 감소하기도 하고, 특정 뇌 영역이 비정상적으로 활성화되기도 했다. 특히 게임 관련 자극에 과민하게 반응했는데, 이는 중독 행동에 관여하는 뇌 회로의 활성화와 연관된다.

즉 프로게이머와 게임 중독자는 모두 게임에 많은 시간을 쓰지만, 게임에 접근하는 방식과 뇌에 발생하는 변화는 매우 달랐다. 이런 차이가 생물학적인 것인지, 체계적 훈련과 탐닉적 행동 간의 차이로 발생한 것인지는 알 수 없다. 그러나 두 집단이 심리 사회적 문제, 행동, 뇌 활성 측면에서 차이를 보인다는 것만은 확실하다.

게임 중독에 더 취약한 아이들이 있다면

게임이 모든 아이에게 같은 영향을 미치는 건 아니다. 특정 취약성을 가진 아이들이 중독에 더 쉽게 빠진다는 연구 결과가 누적되고 있다. 이 취약성은 개인적, 유전적, 환경적 요인뿐 아니라 공존 질환 등 정신 건강 상태와도 관련이 있다.

유전적, 기질적 취약성

게임에 쉽게 빠지는 아이들은 대체로 특정한 기질적 특징을 가지고 있었다. 예를 들면 새로운 상황에서 느끼는 두려움이나 걱정이 컸다. 이런 아이들은 게임을 통해 불안한 현실에서 벗어나 위안을 얻으면서 게임에 중독되곤 한다. 충동적인 아이들도 중독에 취약하기로는 마찬가지였다. 충동성은 게임의 즉각적인 보상을 더 강렬하게 느끼게 하는데, 이것이 게임 시간을 조절하기 어렵게 만들기 때문이다. 보상에 민감하게 반응하는 유전자 변이 등 유전적 요인이 취약성이 될 수 있다는 연구 결과도 있었다.

공존 질환

인터넷 게임 중독은 여러 공존 질환과도 밀접한 관련을 보였다. ADHD, 우울 장애, 불안 장애, 충동 조절 장애 등 정신 건강 문제가 있는 아이들의 취약성이 훨씬 더 높다.

ADHD 아동은 집중력이 부족하고 충동적이며 자극 추구 성향이 높아 게임에 더 쉽게 빠질 수 있다. 게임은 변화무쌍한 자극과 즉각적인 보상으로 현실에서의 지루함이나 좌절감을 해소해주기에 더 매력적으로 다가온다. 뇌 영상 연구에 따르면 ADHD 아동은 전두엽 기능이 저하되어 있었는데, 전두엽은 자기 조절 능력을 담당하므로 게임 중독에 빠지기가 더 쉬워진다. ADHD는 공존 질환 중에서도 유독 중요한 위험 요소다. 게임 중독으로 진료실을 찾는 학생들 중 대다수가 ADHD 진단을 받으며, 이를 치료하는 것만으로도 문제가 해결될 때가 많다.

우울 장애 역시 인터넷 게임 중독과 연관이 깊다. 인터넷 게임 중독 환자들은 일반적으로 높은 우울 증상을 나타내며 두 요인이 서로를 예측해준다고 보고하는 연구들이 있다. 연구에서 우울감은 지속적인 게임 중독과 관련이 있었고, 우울증이 심할수록 게임에 대한 의존성도 더 강해졌다. 우울하고 대인관계에 어려움이 있으며 자존감이 낮은 사람은 가상 세계에서 대리 만족을 얻기 위해 게임에 쉽게 빠져든다. 이는 감정 조절에 관여하는 뇌의 기능적 연결성이 변화하는 것과도 관련이 있다. 이때 아이들의 우울감은 전형적인 '우울해 보이는 모습'으로 나타나지 않는다는 점을 염두에 둘 필요가 있다. 아이들은 짜증이 많아지거나 공격적·반항적으로 변하고, 비행 행동을 한다든지 게임에 빠져드는 식으로 우울감을 드러낼 수도 있다. 따라서 게임 중독이 의심된다면 우울증에 대한 평가도 반드시 함께 진행해야 한다.

불안 장애, 특히 사회 불안 장애나 강박 장애도 흔한 공존 질환이다. 사회적인 상황에서 심한 불안을 느끼는 아이는 게임을 통해 이를 회피함으로써 불안을 해소하려 한다. 강박 장애는 게임 속에서 특정 행동을 멈추지 못하거나 같은 패턴을 반복적으로 수행하는 등의 요소와 관련된다.

사회적, 환경적 요인

인터넷 게임 중독은 다양한 사회적, 환경적 요인과도 밀접한 관련이 있다. 특히 가정 내 양육 방식이 중요하다. 연구에 따르면 통제와 자유가 적절히 섞인 권위적 양육 방식을 사용하고 정서적 따뜻함을 제공하는 가정의 아이들은 게임 중독에 빠질 위험이 상대적으로 낮았다. 자율성과 자기 통제 능력이 촉진된 덕분으로 보인다. 반면 독재적이거나 방임적인 방식으로 양육된 아이들은 중독에 더 취약했다. 이렇듯 양육 방식에 문제가 있다면 부모도 자녀와 함께 치료를 받아야 한다. 또한 애착의 안정성도 게임 중독에 영향을 미칠 수 있다. 애정 결핍이 있거나 애착이 불안정한 아이들은 게임에서 심리적 안정감을 찾곤 한다. 다문화 가정이라면 언어적·문화적 장벽이 자녀를 고립시킬 수 있으며, 이로 인해 인터넷 게임을 대안적 소통 수단으로 사용할 가능성이 있다.

게임에 중독된 아이의 학업 성적이 떨어졌다는 이야기는 흔하다.

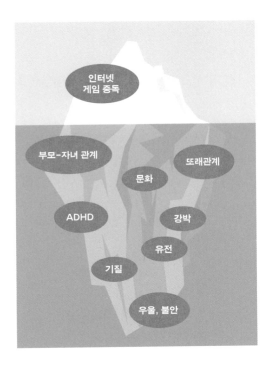

인터넷 게임 중독은 여러 요인이 복합적으로 영향을 미쳐 나타난다.

그러나 인과관계가 반대일 수도 있다. 성적이 떨어져 게임에 몰두하는 사례도 확인되기 때문이다. 학업에서의 실패나 스트레스가 학습 동기를 떨어뜨리고 게임을 선호하게 하는 것이다. 현실의 학업에서 성취감을 느끼지 못한 아이들은 즉각적인 성취감을 주는 게임에 더 몰입하게 된다. 그에 더해 또래에게서 거절당한 경험이 게임 중독을 악화시킬 수도 있다. 어떤 아이들은 현실에서의 거절이나 부적응을 게임에서 보상받으려는 경향을 보이곤 한다. 또래 집단에서 소외감이나 상대적 박탈감을 느낀다면 게임에 더 몰두하게 되고, 그렇기에 적응력이 더 떨어질 수 있다.

이렇듯 게임 중독은 기저에 있는 여러 원인의 표현형일 수 있다. 따라서 단순히 중독 행동에만 접근할 게 아니라 수면 아래의 문제에 관심을 가져야 한다.

어떻게 나타나며, 어떻게 치료할 것인가

[사례 2-1] 게임에 몰두하며 과격해진 주원이

중학교 2학년생인 주원이는 중학교에 진학하면서부터 게임에 빠져들기 시작했다. 게임에 쏟는 시간이 점점 늘어 결국 병원에 내원했다. 주말에는 하루 종일 게임을 하고, 평일에도 학습 시간을 줄여가며 게임에 집중했다. 밤늦게까지 게임을 하다보니 수면 시간이 부족해 아침에 일어나는 걸 힘들어했다. 이에 종종 지각하거나 결석하곤 했다. 학업 성적은 점차 낮아졌으며, 학습에 대한 흥미도 잃어가고 있었다.

1학년 1학기까지 우수한 성적을 유지하던 주원이의 갑작스러운 성적 저하에 대해 교사들은 관심을 갖고 도와주려 했다. 그러나 주원이의 태도는 무관심했다. 수업 중에도 게임 생각에 빠져 있어 수업에 몰입하지 못했으며 과제도 소홀히 했다. 부모에게 확인한 결과, 주원이는 어려서부터 다소 부주의하고 행동이 부산스러웠다고 한다. 그전까진 학업 성적도 우수하고 교사들의 지적도 받지 않아 특별히 문제로 여기지 않았다는 것이었다.

게임에 과도하게 몰입하는 주원이의 모습에 부모는 게임 시간을 제한하고자 했다. 그러나 주원이는 게임한 시간에 대해 반복적으로 거짓말을 하고, PC방에 가기 위해 부모의 지갑에서 돈을 훔치기도 했다. 부모가 이를 지적하자 심하게 화를 내며 반발했다. 대화 중 감정을 억제하지 못해 큰 소리를 냈으며 물건을 던지거나 문을 세게 닫는 등 폭발적인 행동을 보였다. 이에 부모와의 대화가 줄며 가족관계가 악화되고 있다. 주원이는 친구들과 갈등이 있을 때도 쉽게 화를 내며 폭력적인 언행을 보이고, 원하는 것을 즉각적으로 얻지 못하면 좌절감을 느끼며 짜증을 냈다. 그러자 점차 친구들도 주원이를 멀리하기 시작했고, 오래 친하게 지낸 친구들과도 자주 다투게 됐다.

[사례 3] 게임 밖에서는 자신감을 느끼지 못하는 현우

중학교 1학년생인 현우의 부모는 맞벌이를 하느라 바빴고, 학업 외에는 아이에게 큰 관심을 보이지 않았다. 부모가 무관심한 탓에 현우는 정서적 지지를 거의 경험해보지 못했다. 학업 성적도 평균 이하였는데, 부모는 성적에만 관심을 보이니 인정받을 부분이 없다는 생각에 늘 위축되어 있었다. 자존감이 낮은 탓에 또래와 자연스럽게 어울리지 못했으며 늘 소외감을 느꼈다. 학교에서는 조용한 편에 속했고, 의견을 드러내거나 주도적으로 나서야 하는 상황에 처하면 불안해했다.

그러던 어느 날, 현우는 게임을 하던 중 다른 유저들의 인정을 받게 된다. 게임 속에서 현우는 주도적으로 의견을 펼치고 성취감을 느꼈으며 다른 사람들의 칭찬을 받았다. 그럴 때면 현실에서는 느끼지 못했던 자신감이 차올랐다. 그러자 현우는 점차 게임에 몰입하게 됐고, 현실의 문제와 감정을 게임으로 해소하려들었다. 부모는 뒤늦게 게임 사용 문제를 알아차리고 통제하려 했다. 하지만 현우는 이제야 관심을 보이는 부모에게 불만이 쌓일 대로 쌓인 상태였다. 부모의 간섭에 강하게 반발했으며, 게임 시간이 제한되면 욕설을 했다. 심지어 등교를 거부하기까지 했다.

*

인터넷 중독 문제로 병원에 오는 아이들, 정확하게는 부모가 보고하는 아이들의 흔한 모습이다. 여러 사례에서 공통되는 점을 종합해보자면 다음과 같다.

청소년이라면 학교에 대한 흥미가 줄어들고, 게임 때문에 학교에 가지 않거나 자주 결석한다. 학업에 집중하지 못하고 성적이 떨어지는 일도 많다. 또한 잠을 덜 자거나 아예 밤을 새워가며 게임하는 탓에 수면 패턴이 무너진다. 밤낮이 바뀌며 일주기 리듬이 혼란스러워지고 아침에 일어나기가 어려워져 일상에 지장이 생긴다. 그런가 하면 게임으로 인한 신체적 증상을 호소하기도 한다. 피로감, 두통, 손목 통증, 시력 저하 등이 대표적인데, 자세가 나빠지면 근골격계 문제로 이어질 수 있다. 정신적인 증상도 빼놓을 수 없다. 게임이 아닌 활동에서는 무기력함과 우울감을 느끼고, 불안하거나 초조해지는 등 금단증상을 겪는 것이다. 이런 문제는 자존감 저하와 관련 있어서, 게임을 하며 일시적으로 즐거워하다가도 현실에서의 불만족이 커지면 더 심해진다.

나아가 대인관계에도 문제가 생길 수 있다. 우선 충동적이고 반항적인 행동이 늘어난다. 대표적인 행동으로는 누군가가 게임 시간을 제한하려 할 때 강하게 반발하는 것이 있다. 부모의 통제에 화내고 물건을 부수는 등 공격적인 행동을 보이거나 게임에 쓰기 위해 돈을 훔치기도 한다. 게임 시간을 감추기 위해 거짓말하는 일도 흔하다. 공부를 한다든지 친구를 만난다든지 하는 핑계를 대고 나가서 몰래 게임을 하곤 한다. 이렇듯 게임에 지나치게 몰두하다보면 친구나 가족과의 직접적인 상호작용이 줄어들고 새로운 인간관계를 형성하기도 어려워진다. 이는 사회적 기술의 발달에 방해가 된다. 그러면 점점 대인관계를 피하거나 소극적인 태도를 보이게 되고, 이것이 현실적응을 어렵게 만들어 게임에 더 의지하는 악순환이 일어날 수 있다.

인터넷 게임 중독의 치료

앞서 살펴보았듯 인터넷 게임 중독은 가족 문제 때문에 발생하기도 하고 학교 부적응의 결과이기도 하며 공존 질환의 영향을 받기도한다. 그러니 몰입 자체보다는 게임 사용자의 문제에 집중해 통합적으로 접근해야 한다. 생물학적, 심리 사회적, 행동적 접근이 동반된 치료, 중독의 심각도에 따라 단계적으로 접근하는 치료가 이상적이다.

가장 경미한 수준의 게임 몰입에는 중독에 대한 인식 제고와 예방적 접근이 필요하다. 게임에 과도하게 몰입하지 않도록 조절하고 건강한 생활 방식을 유지하도록 도와야 한다. 자녀와 부모가 협의해 게임 이용 규칙 정하기, 게임이 아닌 다른 활동 장려하기, 사회적 관계 형성 지원하기, 게임을 무조건 금지하는 대신 교육적 게임 활용하기 등이 도움을 줄 수 있다.

다음은 중등도 이상의 인터넷 게임 중독으로, 진료 현장의 청소년은 대개 이 단계 이상에 속한다. 의사, 임상심리사, 사회사업가 등이 협력해 치료적으로 접근해야 한다. 치료 전략에는 중독의 심각도, 공존 질환의 유무, 가족의 지지 체계 및 갈등 여부 등을 반드시 반영해야 한다. 상황이 심각하다면 외래가 아닌 입원 치료도 고려할 수 있다. 심하게 폭력적인 행동을 보이거나 충동을 조절하지 못할 때, 신체적인 문제가 함께 있을 때, 동반된 정신 질환을 치료하는 데 도움이 될 때 등이 그렇다.

구체적인 치료 방법으로는 여러 가지가 있다. 가장 널리 사용되는 방법 중 하나는 인지 행동 치료CBT로, 게임에 몰두하게 만드는 왜곡된 생각을 바로잡고 현실의 삶에서 만족감을 찾는 방법을 배우도록 돕는 것이다. 예를 들면 게임으로만 성취되던 사회적 욕구나 성취감을 현실에서 충족할 수 있도록 돕는다. 한 연구에 따르면, 인지 행동 치료 프로그램을 진행한 청소년은 게임 사용 시간이 줄고 기분이 좋아졌으며 자존감도 향상되었다. 그 밖에는 감정 및 충동 조절 문제를 다루는 변증법적 행동 치료DBT가 효과적으로 활용될 수 있다. 감정을 인식, 조절하고 스트레스에 대처하는 기술을 가르침으로써 게임 의존도를 낮추고 정서를 안정시키는 방법이다.

가족 치료와 약물 치료 등도 도움이 된다. 가족 치료는 가족과의 관계를 회복하고 건강한 의사소통 방식을 익히는 데 주력하는 방식이다. 가족 모두가 힘을 합쳐 게임을 대신할 활동을 찾고 갈등을 해결하며 새로운 규칙을 정함으로써 건강한 관계를 형성해나간다. 약물 치료에서는 아직 게임 중독을 대상으로 승인된 약물이 없지만, 우울증 치료제나 ADHD 치료제가 간접적인 효과를 보이곤 한다. 게임 중독에 흔히 동반되는 정신 건강 문제가 개선되며 게임 의존도도 함께 나아지는 것으로 보인다. 이외에도 체육이나 음악 등 예체능 치료가 즐거움과 성취감을 주는 데 효과적이라는 연구 결과가 있었다. 이런 활동들은 게임의 대안이 되며 건강한 취미를 만드는 데 도움을 준다.

[사례 2-2] 심리 치료를 통해 게임 중독에서 벗어난 주원이

나는 주원이가 ADHD라는 명확한 진단을 내리고, 약물 치료와 인지 행동 치료, 가족 치료를 병행하기로 계획했다.

메틸페니데이트 복용 후 주원이는 과제를 더 빨리 완수할 수 있게 됐으며, 공부와 게임 간의 시간 분배도 더 효율적으로 할 수 있게 되었다. 인지 행동 치료를 진행하면서는 "게임할 때만 능력이 있다는 느낌이 들어요"라는 주원이의 왜곡된 생각을 확인할 수 있었다. 이에 성취감은 게임에서만 느낄 수 있는 게 아님을 깨달을 수 있도록 돕기로 했다. 현실에서 성취감을 느낄 수 있는 활동으로 운동을 제안했으며, 주원이는 농구에 재미를 붙였다. 더불어 '게임 조절에 실패하면 부모님은 또 화를 내실 것이다'라는 부정적 사고를 함께 분석하며, '실패는 배움의 과정일 뿐이고, 부모님은 내 성장을 지지하신다'라는 긍정적인 사고로 대체했다.

가족 치료는 관계 회복과 건강한 의사소통으로 주원이의 행동 변화를 지원하는 데 초점을 두었다. 나는 주원이와 부모님을 함께 면담하며 게임 문제의 배경을 탐구했다. 주원이 부모님은 "규칙을 정했는데, 주원이가 계속 어기고 거짓말을 한다"라고 말했고, 나는 가족이 서로의 감정을 이해할 수 있도록 중재했다. 부모님은 주원이가 '게임 줄이기'를 목표로 작은 성공을 이뤘을 때 긍정적인 피드백을 제공하는 방법을 배웠다. 게임을 적게 한 날에는 이 점을 칭찬하거나 주원이가 좋아하는 활동을 함께 계획하는 식이다. 부모님과 주원이는 서로가 지킬 수 있는 현실적인 약속을 설정해 지켜나갔다. 주원이는 평일 게임 시간을 2시간으로 제한하고, 부모님은 주원이와 더 많은 시간을 보내기로 했다.

6개월간의 치료에서 주원이는 대체로 시간 제한을 잘 지켰다. 학교 농구 팀에 합류하여 새로운 친구들을 사귀었고, 학업 성적도 서서히 회복되었다. 부모님과의 관계도 이전보다 개선되었다. 주원이는 자신의 감정을 더 잘 인식하고 관리했으며, 친구들과 갈등이 생겨도 대화를 통해 해결할 수 있게 되었다.

인터넷 게임이 발달에 긍정적일 수도 있을까

게임의 역기능뿐 아니라 순기능도 함께 고려하면 치료 및 예방 전략을 균형 있게 마련할 수 있다. 어느 모로 보나 역기능밖에 없는 도박이나 불법 약물 등에 접근할 때와는 확연히 다르다. 게임의 긍정적 측면을 인식하면 게임의 유해성만 강조하는 대신 게임을 포함한 다른 활동을 경험하도록 지원할 수 있다.

앞에서도 소개했듯이 게임은 청소년의 인지적 능력을 발달시킬 수 있다. 특정 장르의 게임은 문제 해결력, 전략적 사고력, 시각적 주의력, 공간 감각, 멀티태스킹 능력 등을 향상시킨다. 예를 들면 액션 게임은 빠른 반응과 높은 집중력을 요구해 시각적 주의력과 공간 감각을 발달시키고, 퍼즐이나 전략 게임은 논리적 사고와 계획 능력을 발달시킨다. 반복적인 게임 플레이가 시각-공간 처리 능력과 주의 집중 능력을 자극하기도 한다. 게임이 전두엽의 인지 기능을 활성화하며, 그중에서도 빠르게 변하는 자극에 반응하는 능력에 기여한다고 보고하는 연구들이 있다.

게임은 인지적 능력뿐 아니라 사회적 기술에도 도움이 되는데, 가상 세계에서 여러 사회적 상황을 경험할 수 있기 때문이다. 온라인 멀티플레이어 게임은 협업과 의사소통, 리더십 등을 경험할 기회가 된다. 공통의 목표를 위해 다른 사용자들과 함께하는 경험은 사회적 기술을 발달시킬 수 있고, 이는 실제 대인관계와 사회적 상호작용에서도 도움이 될 수 있다. 시뮬레이션 게임에서는 창의력 발달도 노릴수 있다. 특히 오픈 월드 게임이나 스토리 기반의 게임이 그렇다.

청소년의 정신 건강에 긍정적인 영향을 준다는 측면도 있다. 게임 속 공간에서 청소년은 일상의 스트레스를 안전하게 해소할 수 있다. 게임을 통해 성취감을 느끼고 목표를 달성하며 긍정적인 감정을 경험하는 일은 감정 조절에도 효과가 좋다. 적절한 수준의 게임 플레이는 자기 조절 능력을 기르는 데에도 도움이 된다.

애초에 치료를 목적으로 개발된 게임도 있다. 교육이나 치료, 훈련을 위해 개발된 게임인 '기능성 게임Serious Game'이 그러한데, 단순 오락을 넘어 실질적인 문제 해결 및 학습을 지원하는 걸 목표로 한다. 이런 게임은 다양한 심리적 증상에 효과를 보인다. 인지적 훈련과 감정 조절을 지원하도록 설계된 터라 우울이나 불안, 집중력 저하 등의 증상을 개선하는 데 도움이 된다. 정신의학 분야에서는 '엔데버 RxEndeavorRx'라는 기능성 게임이 ADHD 치료용으로 FDA의 승인을 받았다. 이 게임은 임상시험에서 그 효과를 입증해 디지털 치료제로 인정받았으며, 실제로 ADHD 아동의 주의력과 집중력을 향상하기 위한 보조 도구로 사용되고 있다. 이외에도 ADHD를 위해 '코그메드 작업 기억력 훈련Cogmed Working Memory Training' 및 '프로젝트 이보Project EVO'가, 우울증을 위해서는 '스팍스SPARX'가 개발되는 등 여러 기능성 게임이 만들어지고 있다.

*

게임에 빠진 아이들의 모습은 더 이상 낯설지 않다. 일상 속 어디서나 마주칠 수 있는 익숙한 장면이 되었다. 이때 우리는 겉으로 드러난 행동만 보기보다, 아이가 게임에 몰입할 수밖에 없었던 내면의 배경을 들여다보아야 한다. 아이들은 게임을 통해 외로움을 달래거나 자신감을 찾으며, 무너진 통제감을 회복하려 하곤 한다. 이는 단순한 '중독'이 아니라 현실에서 충족되지 못한 욕구의 표현일 수 있다. 따라서 게임 문제를 다룰 때는 아이 개인뿐 아니라 가족, 또래 관계, 학교 환경, 정서 상태 등 전체적인 맥락을 함께 살펴야 한다. 특히 ADHD, 우울, 불안 등 공존할 수 있는 정신 질환에 대한 평가 및 개입은 반드시 이루어져야 하는데, 그래야 게임이라는 표면 아래 숨겨진 어려움에 손을 내밀 수 있기 때문이다.

중요한 것은 아이의 삶에서 게임을 없애는 것이 아니라, 게임 너머의 삶에서도 의미를 찾고 연결감을 느낄 수 있도록 도와주는 일이다. 그 시작은, 아이를 바라보는 우리의 시선을 좀더 다정하게 바꾸는 것일지 모른다.

7장

디지털 세상 속 아이들을 노리다

박민현

디지털 세상의 그늘

인터넷과 스마트폰 사용이 일상화되면서 디지털 중독이 심각한 문제로 떠오르고 있다. 성 착취, 사기, 온라인 도박, 사이버 스토킹 등 다양한 형태로 나타나는 디지털 범죄는 익명성이 보장되고 피해자와 직접 대면하지 않는 탓에 오프라인 범죄보다 더 은밀하게 이뤄진다. 그렇기에 더 빠르게 확산되며, 심리 사회적 피해도 더 장기적이다. 소아 청소년은 인터넷을 활발하게 사용하는 데다 기술에 대한 익숙함이 경각심을 낮추어 더 쉽게 노출된다. 실제로 소아 청소년 대상 디지털 범죄의 발생 건수와 피해 규모는 나날이 증가하고 있다.[1]

몇 가지 사례를 살펴보자.

[사례 1] 온라인 도박에 빠진 준우

중학교 2학년생 준우는 스포츠와 게임을 즐기는 평범한 남학생이었다. 어느 날 인터넷을 이용하던 준우는 '게임 아이템 빠르게 얻는 노하우'라는 제목의 커뮤니티 게시글을 발견한다. 글 속의 링크는 불법 온라인 도박 사이트로 이어졌다. 배너에는 쉽게 큰돈을 벌 수 있다고 유혹하는 문구가 가득했다. 스포츠 경기의 결과를 맞히는 방식이었는데, 호기심에 5000원을 걸었더니 돈을 두 배로 땄다. 평소 스포츠에 대한 지식은 충분하다고 자부했기에, 이 정도면 용돈은 벌 수 있겠다는 생각이 들어 짜릿함과 흥분감을 느꼈다.

손쉽게 돈을 딴 경험에 자극받은 준우는 계속 도박 사이트를 이용했다. 처음에는 스마트폰 소액 결제만 이용했으나 갈수록 '큰판'을 벌여 더 많은 돈을 따고 싶다는 욕심이 생겼다. 결국 부모님 몰래 집에 있는 신용카드를 사용했고, 한 달 만에 30만 원 이상의 돈을 잃었다. 그럼에도 도박을 그만두지 못했다. 이번에는 이길 수 있을 것 같다는 생각이 머릿속을 떠나지 않았기 때문이다. 잃어버린 돈을 만회하기 위해 더 큰 금액을 베팅하고, 그마저 다 잃어버리는 악순환이 시작되었다. 도박 사이트에 더욱더 몰입했다. 수업 시간에도 몰래 도박을 하면서 자연히 학업에 소홀해졌다.

도박에 빠진 준우는 급격히 변해갔다. 예민해지고 짜증이 잦아졌으며, 도박을 위해 친구에게 돈을 빌린 뒤 갚지 않는 행동을 반복했다. 이에 '게임만 한다' '돈을 빌리고 갚지 않는다' 등의 소문이 퍼졌다. 친구들과 사이가 틀어진 건 물론이다. 혼자 있는 시간이 늘어났으며 점점 고립되어갔다. 변화는 집에서도 나타났다. 스마트폰을 제한하려고 하면 날카롭게 반응했고, 가족과의 대화도 거부했다. 그러던 어느 날, 부모님의 카드 명세서에서 수십만 원의 결제 내역이 발견되며 문제가 드러났다. 부모님은 크게 화를 내며 준우를 질책했고, 준우는 죄책감과 두려움 속에 더욱 움츠러들었다.

온라인 도박이 준우의 삶을 무너뜨리고 있었다. 부모님은 준우의 스마트폰과 인터넷 사용을 완전히 차단한 뒤 심리상담소를 찾았다. 그러나 준우는 이미 마음에 큰 상처를 입은 상태였고, 도박 빚에 대한 부담과 학업 스트레스로 우울감과 무기력감을 호소했다. 준우는 한국도박문제예방치유원의 청소년 도박 중독 치료 프로그램에 참여하며 재활을 시작했다. 프로그램에서 상담사는 도박 중독의 심각성을 설명하고 스트레스 관리 및 여가 시간 활용 방법을 가르쳤다. 부모님도 도박 중독이 단순히 개인의 문제라기보다 사회적으로 해결해야 할 문제임을 깨닫고 준우를 지지하며 문제 해결을 위해 힘을 모으기로 했다.

[사례 2] 온라인 그루밍에 노출된 소현이

중학교 1학년생인 소현이는 케이팝을 좋아했다. 관심사가 유사한 또래들과 SNS로 소통하는 걸 즐겨 인스타그램에 케이팝 댄스 커버 영상을 올리기도 했다. 어느 날 소현이는 '와, 춤 선이 정말 예쁘시네요. 저는 그 동작이 잘 안되던데…… 부러워요!'라는 메시지를 받았다. 상대는 자신을 중학교 3학년 남학생 지민이라고 소개하며, 직접 만나 춤을 배우고 싶다고 했다. 말대로 그의 프로필에는 소현이의 또래로 보이는 남학생의 사진이 있었다. 취미도 비슷한 데다 자신의 춤을 인정해주기까지 하는 친구를 만났다는 생각에 소현이는 매우 기뻤다. 둘은 일상적인 대화를 나누며 친근감을 쌓았다. 가족은 각자의 일로 바쁘고, 전학 온 탓에 친구도 많이 사귀지 못했던 소현이는 점점 마음을 열었다.

몇 주가 지나자 지민이는 본색을 드러내기 시작했다. 처음에는 '귀여운 셀카를 보여줘'라는 가벼운 부탁에 불과했지만, 점차 노골적으로 변해 속옷만 입고 춤추는 영상 등을 요구해왔다. 소현이가 주저하면 '너, 나 못 믿어?'라고 몰아붙이며 신뢰를 악용했다. 점점 심해지는 요구에 결국 거부하자 지민이는 협박을 하기 시작했다. 사진을 추가로 보내지 않으면 그동안 보내준 사진을 유포하겠다는 것이었다. 무력감과 두려움, 수치심에 소현이는 아무에게도 사실을 알리지 못했다. 도무지 어떻게 해야 할지 알 수 없었다.

이러지도 저러지도 못하는 사이 지민이는 정말로 사진을 유포했다. 누군가 자신을 알아볼지 모른다는 생각에 소현이는 등교를 거부하고 외출도 하지 않게 됐다. 또한 잠을 못 자고 악몽을 꾸며 사소한 일에도 깜짝깜짝 놀라는 등 외상후스트레스장애Post-traumatic Stress Disorder, PTSD 증상을 보였다. 이러한 행동 변화를 수상하게 여긴 부

모가 정신건강의학과에 데려간 뒤에야 소현이는 피해 사실을 털어
놓았다. 이후 부모의 신고로 경찰 수사가 이뤄져 '지민이'를 체포할
수 있었다. 그는 중학생이 아니라 40대 초반의 남성으로, 수년간 여
러 청소년에게 비슷한 범죄를 저지른 전력이 있었다.

소현이는 정신건강의학과 치료와 함께 디지털 성범죄 피해자 지
원센터의 심리 치료 및 법률 지원을 받으며 회복에 힘썼다. 끔찍했
던 경험을 다시 이야기해야 한다는 사실이 부담되긴 했지만, 센터 선
생님의 도움으로 용기를 내 경찰 조사에도 응했다. 소현이는 점차 자
신감을 되찾았으며 일상도 긍정적으로 변화시켜갔다. 치료에서 배운
감정 표현 및 스트레스 관리 방법은 정서적으로 안정된 상태를 유지
하는 기반이 됐다. 이후 소현이는 디지털 범죄의 위험성과 예방 방법
을 알리는 활동에 적극 참여하고 있다.

아이들이 위험하다

준우와 소현이가 아니라도 소아 청소년은 디지털 범죄에 노출되
기 쉽다. 몇 가지 이유가 있는데, 크게 발달적, 심리적, 사회적 요소로
나뉜다.

먼저 발달적 취약성이다. 소아 청소년은 성인에 비해 인지 능력이
부족하다. 판단력 및 비판적 사고 능력이 약하며, 온라인에서 발생
할 수 있는 위험을 충분히 인식하지 못한다. 예를 들면 게임 아이템
을 주겠다거나 특별한 이벤트를 연다는 식으로 접근해오는 가해자

를 의심하지 않을 수 있다.[2] 이 때문에 피싱, 사기, 그루밍 등 다양한 범죄에 노출되기 쉽다. 인지 능력뿐 아니라 정서 조절 능력도 부족한데, 이 또한 청소년을 취약하게 만든다. 감정에 휘둘려 문제 상황에서 이성적으로 대처하지 못할 수 있기 때문이다. 가해자의 칭찬이나 선물에 기분이 좋아져 마음을 여는 건 물론, 협박이나 압력에 공포나 불안을 느껴 가해자의 요구에 순응할 가능성이 높다.

다음으로 사회적 취약성이다. 앞서 언급한 신뢰성을 사회적 취약성으로 볼 수도 있다. 또한 또래 집단의 영향을 크게 받아 친구들의 인정을 받고 싶어하는데, 이를 위해 게임이나 SNS 등 친구들이 하는 활동에 함께 참여하곤 한다. 하지만 이런 활동은 개인정보 유출, 온라인 도박 등 디지털 범죄에 연루될 위험성을 높인다.[3]

마지막으로 기술 사용 및 노출이다. 인터넷을 자주 이용하는 소아청소년은 그만큼 디지털 범죄에 더 많이 노출된다. 특히나 문제가 되는 것은 디지털 기술 사용에 익숙한 데 비해 온라인에서의 위험 요소를 충분히 인지하지 못하며, 보안 의식도 낮다는 점이다. 익명성이 보장되는 온라인 공간에서 다양한 사람들과 소통하는 행동 또한 위험성을 높인다. 익명성은 범죄자의 신분까지 숨겨주기 때문이다. 또래나 유명인으로 가장해 접근하는 가해자가 많으며, 피해자는 익명성 탓에 이런 의도를 인식하지 못하고 범죄에 연루될 수 있다.

금전부터 개인정보까지

온라인 도박

아이들은 금전적 보상을 얻고자 하는 욕구가 높아 불법 온라인 도박에 빠지곤 한다. 청소년을 대상으로 도박 사이트를 운영하는 가해자들은 '초대 보너스' '무료 베팅' 등의 혜택으로 참여를 유도한다.[4] 소액으로 시작해도 점차 중독되면서 큰 금액을 걸게 되는 경우가 대부분이다. 이는 경제적 손실뿐 아니라 학업 부진, 가족 갈등 등으로까지 이어질 수 있다.

최근 도박 중독 치유 서비스를 이용하는 10대가 급증하고 있다. 2021년 1242명이었던 것이 2024년에는 2349명으로 거의 두 배 가까이 늘었다.[5] 이들 중 대부분은 도박에 온라인으로 접근하고 있었는데, 이는 불법 도박 시장의 급속한 성장과 밀접하게 관련된다.[6] 여러 종류 가운데서도 사이버 도박이 압도적인 비중을 차지하는 것을 보면 그만큼 접근에 제한이 적고, 청소년이 유입되기도 쉽다는 것을 알 수 있다.

유입 경로는 친구나 지인의 귀띔이 가장 많았다. 이렇듯 아는 사이에서 퍼져나가는 특성은 청소년의 도박 문제를 더욱 확산시킬 수 있다. 실제로 도박 혐의로 적발된 소년범은 매해 증가하고 있으며, 평균 연령도 꾸준히 낮아지고 있다(다음 그래프 참고). 청소년은 중독에 대한 저항력이 약해 똑같이 도박을 시작해도 더 쉽게 의존하거나 문제 행동을 할 수 있다. 그중에서도 ADHD 청소년은 충동성이 높고 인내력이 낮아 도박 중독에 더 취약하다.

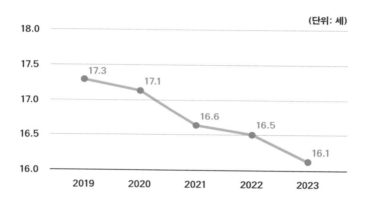

청소년 도박사범 연령 추이(2019~2023년).[7]

어떤 청소년은 도박 사이트를 직접 운영하기까지 한다. 중학생이 사이트의 총책이 되거나 고등학생이 서버 개발 및 유지, 관리에 참여하는 등의 사례가 점점 늘어나고 있다. 자극적인 광고 문구로 친구들을 유인한 뒤, 신규 회원 가입 시 보상을 제공하는 식으로 도박을 확산시키기도 한다. 심지어 도박 빚을 갚기 위해 또래 친구를 협박하거나 돈을 갈취하는 일이 벌어지기도 한다. 도박 때문에 심각한 재정 문제를 겪고, 이를 해결하기 위해 이차적인 범죄에 가담하게 되는 악순환을 단적으로 보여주는 사례들이다.

개인정보 탈취 및 침해

디지털 범죄 가운데 가장 흔한 유형이다. 소아 청소년은 피싱과 사기에 쉽게 노출되는데, 이는 경제적 손실뿐 아니라 개인정보 유출까지 초래한다.

피싱phishing은 가짜 웹사이트나 SNS 메시지 등으로 피해자의 개인정보를 탈취하는 범죄다. 이득을 줄 것처럼 접근해 피해자의 계정정보나 신용카드 비밀번호를 빼가곤 한다. 개인정보에 대한 경각심이 낮은 아이들은 피싱에 쉽게 노출된다. 보통은 금전적 이득이 목적이지만, 다른 목적으로 범죄를 저지르기도 한다. 신분을 도용하거나 괴롭히려는 것이다.[8] 피해자를 사칭해 가짜 계정을 만들거나 이것을 불법적인 활동에 활용하는 사례들이 꽤 있다. 이러한 행위는 피해자의 명예를 훼손하고 신체적, 정신적 안전을 훼손하는 범죄다.

디지털 성범죄

디지털 기술을 악용해 성범죄를 일으키기도 한다. 성 착취물 제작 및 그루밍, 사이버 스토킹 등이 그렇다.

성 착취물은 가해자가 피해자의 신체를 성적으로 촬영해 만든 것이다. 보통 피해자가 가해자의 협박을 받아 제작에 응한다.[9] 이러한 성 착취물은 텔레그램, 다크웹 등에서 불법적으로 공유되며 피해자

디지털 세상 속 아이들을 노리다

에게 지속적인 고통과 낙인을 남긴다. 피해자가 응하지 않았음에도 성 착취물이 만들어지기도 한다. 사람의 얼굴을 다른 곳에 합성하는 '딥페이크' 기술을 활용하는 것이다. 이 기술로 지인의 얼굴을 성적인 영상에 합성해 유포하는 일이 늘어나고 있다. 심지어 성인이 아닌 소아 청소년을 대상으로 만들어지기도 한다.[10] 피해자의 명예를 심각하게 훼손하는 건 물론, 성적 행위나 금전적 이득을 위한 협박의 수단으로도 쓰이는 악질적인 범죄다.

사이버 스토킹은 누군가를 온라인으로 괴롭히고 감시하는 행위다.[11] 피해자가 원하지 않는 문자나 사진을 반복적으로 보내거나 상대방의 온라인 활동을 추적하며, 협박 또는 모욕적인 행동을 지속한다. 한편 '디지털 그루밍digital grooming'은 성인 가해자가 어린 피해자에게 접근하기 위해 활용하는 전략이다.[12] 성 착취에 앞서 친밀한 관계를 형성해두는 것인데, 피해자의 관심사나 취미를 미리 파악해 대화 주제를 맞추고 신뢰를 쌓곤 한다. 그런 뒤 성적인 메시지나 사진, 동영상을 요구하기 시작하고, 거부할 경우 이를 유포하겠다고 협박함으로써 성 착취를 지속적으로 이어나가려 한다.

가장 짙은 그림자, 디지털 성범죄

갈수록 늘어나는 디지털 성범죄

여성가족부가 발표한 자료에 따르면 소아 청소년을 대상으로 한 디지털 성범죄는 2019년부터 2022년까지 약 164퍼센트 증가했다. 그중에서도 성 착취물 제작이 크게 늘어 가장 큰 비중을 차지했다. 해외의 추세도 별반 다르지 않다. 캐나다 경찰의 보고에 따르면, 아동에 대한 온라인 성범죄 및 성 착취물 제작 등의 범죄는 2014년부터 2022년까지 세 배 이상 증가했다.

한국의 소아 청소년 대상 디지털 성범죄 추이(2019~2022년).[13]

디지털 세상 속 아이들을 노리다

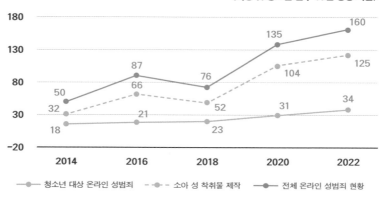

(아동 및 청소년 인구 10만 명당 비율)

청소년 대상 온라인 성범죄 ···●··· 소아 성 착취물 제작 ── 전체 온라인 성범죄 현황

캐나다의 소아 청소년 대상 디지털 성범죄 추이(2014~2022년).[14]

대표적인 사례로는 2020년의 'N번방 사건'이 있다. 메신저 앱으로 피해자들을 유인 및 협박하여 성 착취물을 찍게 한 뒤 이를 유포한 사건인데, 피해자에 미성년자가 대거 포함되어 있고 영상을 소지하거나 배포한 사람들을 아우른 가담자는 6만 명이 넘는 것으로 알려지면서 엄청난 충격을 주었다. 해당 사건 이후 유사한 범죄가 발생하지 않도록 아동·청소년 성보호에 관한 법률과 성폭력 범죄의 처벌 등에 관한 특례법이 개정되었다. 개정안은 아동 청소년을 대상으로 한 음란물을 '불법 성 착취 영상물'로 명확히 규정한다.[15]

또 다른 사례인 딥페이크 성범죄는 2010년대 후반부터 증가하기

시작했다. 이런 식의 성 착취물은 본인이 참여하지도 않는 데다 유포하기도 쉬워 피해자조차 자신의 피해 사실을 인지하지 못할 수 있다. BBC코리아의 기사에 따르면, 딥페이크 성범죄의 피의자와 피해자 모두 10대가 가장 많았다. 이를 예방하고자 교육을 실시하며 관련 법률을 제정하고 강화하려는 움직임이 나타나고 있다. 특히 아동·청소년 대상 성범죄의 처벌이 강화되고 있다.[16]

온라인 그루밍도 점점 늘어나는 추세다. 한 사례에서는 30대 남성이 초등생 여아에게 성적인 행위를 강요해 처벌받기도 했다. 이러한 범죄를 예방하고 처벌하고자 아동·청소년의 성보호에 관한 법률이 온라인 그루밍 범죄에 대한 처벌 조항을 포함하여 개정되었다. 해당 조항에서 온라인 그루밍은 '아동·청소년에게 성적 목적의 대화를 지속하거나, 성적 요구를 하는 행위'로 정의되며, 가해자는 해당 법안에 따라 처벌된다.

가해자는 어떤 사람들인가

성인 가해자는 다양한 온라인 플랫폼을 매개로 소아 청소년에게 접근한다. 이들 중 다수에게서 비슷한 심리적 특성 및 범죄 수법을 발견할 수 있었다.

먼저, 가해자의 심리적 특성이다. 가해자 중 많은 수는 조작적 성향이 강했다. 어린 피해자를 조종하고 싶어하는 것이다. 이들은 피해자의 심리 상태와 사회적 위치 등을 파악한 뒤 이를 바탕으로 신뢰를 쌓아가며 성 착취, 금전 등의 욕구를 만족시켰다. 또한 권위적이고 공격적인 성향이 짙어 피해자를 통제하고 싶어하며, 요구가 거부당하면 협박과 비방, 심리적 압박 등을 가해 굴복시키려 했다. 이 밖에도 심리적 결핍 및 성적 집착 등이 흔했다. 성인 가해자들은 자신의 결핍과 성적 집착을 온라인에서 해소하고자 했는데, 그 집착 가운데는 소아 청소년에 대한 성적 판타지가 두드러졌다. 이런 특성은 범죄 실행을 더 유리하게 만든다.[17]

접근 방식에서도 공통점을 찾아볼 수 있었다. 가해자는 가짜 프로필을 생성해 피해자에게 접근하곤 한다. 또래나 유명 인플루언서로 가장해 신뢰를 사는 것이다. 피싱 이메일이나 악성 링크 등으로 개인정보를 탈취하기도 하고, 게임 채팅을 통해 친밀감을 형성한 뒤 성적·금전적 요구를 해오기도 했다. 앞서 살펴본 '그루밍'을 활용하는 일도 흔했다. 가해자는 이런 방식으로 피해자를 조금씩 고립시켜 자신에게만 의존하도록 조종한다. 이로 인해 피해자는 범죄로부터 벗어나지 못하고, 가해자의 요구를 지속적으로 따르게 된다.

디지털 범죄의 상처

인지, 정서, 사회성 등의 기반을 막 다져나가는 소아 청소년은 삶에서 경험하는 여러 일로부터 깊은 영향을 받는다. 이 시기에 디지털 범죄를 겪는다면 그 여파는 단기간에 그치지 않고 장기적으로 나타날 수 있다.

심리적인 상처

디지털 범죄의 고통은 시간에 따라 다양한 형태로 발현된다. 단기적으로는 부정적인 감정이 있다. 디지털 범죄는 불안과 공포, 우울, 수치심 등 부정적인 감정을 유발한다. 사이버 스토킹이나 그루밍 범죄에서는 가해자가 지속적으로 위협과 통제를 가하는 탓에 일상에서도 안전감을 느끼지 못할 수 있다. 위협이나 성적 모욕이 담긴 메시지를 받았다면 충격에 정상적인 생활을 유지하기 어려워질 수도 있다. 가해자의 협박을 받아 성적인 사진이나 영상을 보낸 피해자라면 그에 대한 죄책감과 수치심 탓에 대인 기피, 자기 비하 등을 겪을 수 있다.

이런 영향이 장기화되면 우울증, 불안 장애, PTSD 등 정신 건강 문제로 이어질 수 있다. 범죄 발생 당시의 충격은 시간이 갈수록 무기력감과 자기 비하로 변해간다. 이는 피해자의 사회생활이나 학업 성취도에도 부정적인 영향을 미친다.[18] 디지털 성범죄를 당했다면 자신이 나온 성적 이미지나 영상이 계속 확산될지 모른다는 불안감 때문에 지속적인 스트레스를 겪는다. 이러한 스트레스는 다시 자존감 저하, 사회적 고립, 대인 기피 등으로 이어져 상처 회복을 늦출 수 있다.

디지털 범죄의 악영향은 인간관계에서도 나타난다.

단적으로 또래관계의 악화가 있다. 소아 청소년은 또래 집단에서 인정받고 지지받는 것을 무척 중요하게 여긴다. 그러나 디지털 범죄로 성적인 이미지나 개인정보가 유출됐다면 배제나 따돌림 등의 사회적 낙인을 겪을 수 있다.[19] 사이버 괴롭힘에서는 가해자가 같은 학교나 또래 집단에 있을 때가 많아 더더욱 위축되고 고립된다. 그러다 보면 피해자는 사회성 발달이 저해되고 사람을 불신하며 대인관계를 회피하는 등 장기적인 악영향을 겪을 수 있다. 이런 악영향은 학교생활에도 방해가 된다. 학교에서 괴롭힘을 당하거나 친구들과의 관계에 어려움을 겪으면 학교에 가는 것 자체가 꺼려질 수 있다. 이는 피해자의 학업 성취도 및 수업 집중도, 학교생활 적응도를 떨어뜨린다. 심하면 학교를 중퇴할 수도 있다.

악영향은 학교나 친구 사이에 머물지 않고 가정 내 관계에까지 스며든다. 피해 사실을 가족에게 털어놓기 어려워 심리적 부담을 혼자 짊어지려 하는 피해자가 많다. 특히 성범죄나 사기 피해는 가족 간의 신뢰와 소통을 저해할 수 있다. "왜 그런 상황을 만들었느냐"라는 등의 비난으로 피해자의 마음에 상처를 입히기도 한다. 가정 내의 이런 갈등은 지지적인 환경 조성을 방해하고, 피해자의 회복을 더디게 한다.

발달에 남는 상처

더 나아가 소아 청소년의 전반적인 발달에도 부정적인 영향이 갈 수 있다.

소아 청소년기는 자아 정체성을 형성하는 중요한 시기다. 이때 디지털 범죄 피해를 겪으면 정체성 발달이 저해되고, 자기 자신을 부정적으로 인식하게 된다. 성 착취나 협박 피해자라면 자기 몸에 수치심과 혐오감을 느끼기도 한다. 이러한 감정은 장기적으로 자아 정체성을 혼란스럽게 만들 수 있다.

자존감이 떨어진다는 것도 심각한 문제다. 범죄 피해자는 타인과 자신을 비교하며 열등감을 느끼거나, 피해자로서의 자신을 부정적으로 인식하곤 한다. 이는 대인관계에서의 자신감을 떨어뜨리고 우울감을 유발할 수 있다.[20] 더불어 자기 효능감이 떨어져 스스로 어려움을 극복하거나 문제를 해결할 수 없다고 느끼며 적응력이 저하될 수 있다.

디지털 범죄의 충격은 장기적으로 이어질 수 있다. 성인기에 이르러서까지 인간 불신, 사회적 고립, 직장 내 부적응 등을 경험하는 피해자들이 있다. 성 착취나 그루밍으로 인한 트라우마라면 이후 성적 관계를 형성하는 데 방해가 되기도 한다.

상처에서 벗어나려면

이렇듯 디지털 범죄의 피해는 다양하며 장기적이고 예후가 나쁠 수 있다. 이를 예방하고 피해자를 보호하려면 법적 제재와 사회적 지원이 필수적이다. 피해자의 회복을 돕는 상담이나 치료부터 안전한 사회 복귀를 돕는 프로그램까지 다양한 준비가 필요하다.

법의 역할

디지털 성범죄는 정보통신망 이용촉진 및 정보보호 등에 관한 법률, 성폭력범죄의 처벌 등에 관한 특례법 등 여러 법률로 대응할 수 있다. 피해자에게는 다방면의 도움을, 가해자에게는 엄중한 처벌을 약속하는 법률들이다.[21] 디지털 성범죄의 유형별 대처법을 살펴보자.[22]

불법 합성 및 도용 범죄는 합성에 사용된 원본 등을 확보하고 추가 유포를 최소화하는 게 급선무다. 이때 피해 지원 기관이 도움을 줄 수 있다. 만약 타인의 피해 사실을 발견했다면, 당사자에게 알리는 과정에서 추가 유포 등 2차 피해가 발생하지 않도록 유의해야 한다.

온라인 내 성적 괴롭힘에서는 괴롭힘이 발생한 플랫폼을 파악하고, 촬영물도 있는지, 성적 모욕 및 명예훼손 내용이 포함되어 있는지 등을 확인해야 한다. 똑같이 성적 모욕이 담긴 글이라도 발생한 공간에 따라 적용되는 법률이 달라질 수 있다. 추가 유포가 발생할 가능성도 높으니 피해 지원 기관의 모니터링이 중요하다.

온라인 그루밍을 당했다면 정황 증거만으로도 사건 접수가 가능하다. 증거가 삭제됐어도 포렌식으로 복구할 수 있으니 안심하고 관련 기관에 연락하자. 또한 당사자인 아이가 자신의 피해 사실을 인지하지 못할 수도 있는 만큼, 미심쩍은 변화가 있지는 않은지 평소 면밀히 관찰해야 한다.

유포가 발생했다면 게시글의 URL이나 원본 영상 등 증거를 확보해 수사 기관에 신고해야 한다. 피해 지원 기관에 연락해 상담 및 촬영물 삭제 지원을 요청하는 것도 중요하다. 개인 간의 대화 등에서 유포 사실을 알게 됐다면 대화 내용 등의 증거를 수집해 수사 기관에 신고하자. 이후 지원 기관의 모니터링을 통해 온라인에서 유포 여부를 확인하면 된다.

피해를 애초부터 방지하기 위해서는 예방 교육을 적극적으로 실시해야 한다. 특히 초등학교의 예방 교육이 효과가 좋으니, 가능한 한 일찍 시작하는 게 바람직하다.[23]

부모와 사회의 역할

디지털 범죄로부터 자녀를 보호하기 위해 부모는 교육 및 모니터링을 진행해야 한다. 개인정보의 중요성, 범죄의 위험성 등 안전한 인터넷 사용에 대한 지식을 체계적으로 가르치는 게 좋다. 자녀와 함께 인터넷을 사용할 때 어떤 정보가 안전한지, 어떤 상황에서 주의해야 하는지 등을 꾸준히 설명하도록 하자.

자녀의 피해 사실을 발견했다면 그 즉시 증거를 수집하고 전문 기관에 도움을 요청해야 한다. 신속하고 정확한 대응이 중요하다. 필요하다면 관련 기관의 도움을 받아 협력하여 해결해야 한다. 이후에는 심리 치료나 상담으로 회복을 지원해주자.[24] 자녀가 고통을 극복하고 건강한 발달을 이룰 수 있도록 지속적으로 관심을 갖고 지지해줘야 한다. 피해 사실을 들어 자녀를 질책하거나 비난하는 일은 금물이다. 디지털 성범죄 사건이라면 불특정 다수가 2차 가해를 가할 가능성이 큰 만큼 더 적극적인 지지가 요구된다.

개인의 노력만으로는 부족하다. 사회는 디지털 범죄의 심각성을 인지하고, 교육 프로그램 및 예방 시스템을 통해 온라인 환경을 안전하게 만들어야 한다. 디지털 리터러시 교육을 강화하면 온라인에서 맞닥뜨릴 수 있는 위험에 대한 청소년의 이해도가 높아져 도움이 될 것이다. 지역사회와 정부 기관도 디지털 범죄에 대한 경각심 제고 및 안전한 인터넷 사용을 위한 캠페인을 꾸준히 실시해야 한다. 이러한 노력은 미래 세대가 건강하고 안전하게 디지털 세계를 탐험하는 기반이 되어줄 것이다.

지원 기관도 다양하게 있다. 한국여성인권진흥원, 한국사이버성폭력대응센터, 청소년사이버상담센터 등은 디지털 성범죄 피해자를 대상으로 법률 상담과 심리 치료를 제공한다. 또한 한국도박문제관리센터와 청소년상담복지개발원은 청소년 도박 예방 및 치료에 대한 상담과 지원을 제공하고 있다.

단체명	연락망	홈페이지
여성폭력사이버상담	1366	www.stop.or.kr
디지털성범죄피해자 지원센터	02-735-8994	https://d4u.stop.or.kr/
한국사이버성폭력 대응센터	02-817-7959	www.cyber-lion.com
청소년사이버상담센터	1388	https://www.1388.go.kr/
한국도박문제 예방치유원	1336	www.kcgp.or.kr
청소년상담복지개발원	1388	www.kyci.or.kr

피해자 지원 및 대응 단체

소아 청소년이든 부모든, 교사든, 인터넷을 사용하는 평범한 성인이든, 인터넷과 함께 자라나는 아이들을 지키기 위해 할 수 있는 일들을 해나가야 할 것이다.

8장

미디어 사용의 현재와
우리가 앞으로 할 수 있는 것

이태엽

미디어는 우리 생활 곳곳에 스며들어 있다. 텔레비전을 틀어도 스마트폰을 켜도, 심지어 길거리를 걷다가도, 버스를 타다가도 볼 수 있다. 미디어 노출 없이 하루를 보내려면 각별한 노력이 필요할 정도다. 아이들도 마찬가지다. 어렸을 때는 집에서, 학교에 가면서는 교육 목적으로, 또 그냥 보고 싶어서도 미디어를 접하곤 한다. 이제는 미디어를 볼지 말지가 아니라 어떤 미디어를 어떻게 볼 것인지를 선택해야 할 때다.

아이들의 미디어 시청과 관련해 부모들은 고민이 많다. 무엇이 정답인지도 잘 모르겠고, 물어봐도 속 시원히 알려주는 사람이 없다. 고민 끝에 마음을 정해 실행하려 해도 아이들과 부딪치게 된다. 부모만 고민하는 것이 아니다. 아이들도 같은 문제로 부모와 다투면서 고민한다. 내가 중독된 것은 아닌지, 이렇게 계속 시간을 보내도 되는 건지……. 그렇다면 다른 사람들은 아이들의 미디어 사용을 어떻게 생각하고 있을까? 어떻게 하면 가정 내에서 미디어를 현명하게 사용할 수 있을까? 어려운 질문이다.

미디어 사용의 현황

아이들의 미디어 사용 시간은 하루 평균 얼마쯤 될까? '2023 어린이 미디어 이용 조사'에 따르면 만 3~9세 아이들은 미디어를 하루 평균 약 3시간 시청했다.[1] 2020년 코로나 기간보다 1시간 40분가량 줄어든 결과이기는 하지만, 세계보건기구WHO나 미국소아과학회 AAP 권고 기준보다 훨씬 더 길다. 기기 중에서는 텔레비전이 1시간 13분, 스마트폰이 1시간 3분으로 큰 비중을 차지했으며 태블릿과 컴퓨터가 뒤를 이었다. 또한 24개월 이전에 텔레비전 시청을 시작했다는 응답이 58퍼센트, 스마트폰을 사용했다는 응답이 30퍼센트로 만 2세 미만 아동의 스크린 노출을 권고하지 않는 국제 지침과는 격차가 있었다.

미디어 이용 용도는 기기에 따라 조금씩 달랐다. 텔레비전으로는 유튜브 등의 온라인 동영상 시청(50퍼센트)과 방송 채널 시청(42퍼센트)을 비슷하게 자주 했다. 스마트폰으로는 동영상 시청(70퍼센트)을 가장 많이 했으며 게임 이용(37퍼센트)이 뒤를 이었다. 부모가 미디어 사용을 허용하는 이유도 여러 가지였다. 가장 큰 이유는 스트레스 해소나 기분 전환을 위해서였는데, 아이가 할 일을 다 하거나 말을 잘 들었을 때 보상을 주기 위해 허용하기도 했다.

미디어는 이미 떼려야 뗄 수 없는 삶의 일부가 되었다. 어쩌면 사실상의 첫 스마트폰인 아이폰이 2007년 출시되고 대중화됐을 때 예견된 일인지도 모른다. 영유아가 있는 국내 가정 중 94퍼센트가 텔레비전을 보유하고 있으며, 스마트폰 보유율은 거의 100퍼센트에 달한다.[2] 단순히 보유만 하는 것이 아니다. 주 양육자의 76퍼센트는 스마트폰을 2시간 이상 이용하며 아예 이용하지 않는다는 응답은 3퍼센트에 불과했다. 텔레비전은 절반 정도가 하루 1~3시간 시청한다고 응답했다. 부모가 이렇게 미디어를 많이 보는데 아이들만 미디어를 적게 보긴 어렵다.

육아를 하다보면 미디어 노출이 불가피하다고 느낄 때가 있다. 밥을 먹일 때, 외출 중 아이와 함께 조용히 기다려야 할 때, 등원·등교 준비가 필요할 때, 아이를 혼자 두고 집안일을 해야 할 때 등이 그렇다. 미디어 외에 다른 방법을 시도해볼 수도 있겠으나 그러기 위해 들어가는 수고가 너무 크고 비효율적이라고 느낄 수도 있다. 약간의 가책이 따르긴 하지만, 부모의 편의를 위해 시청하게 할 때도 분명히 있다.

아이들은 원래 미디어 시청을 좋아하기도 한다. 의사 표현을 갓 시

미디어 사용의 현재와 우리가 앞으로 할 수 있는 것

작한 아이라도 미디어를 보여달라고 요구하거나 스마트폰을 직접 조작하려 한다. 조금 더 크면 미디어 사용 문제로 실랑이가 벌어지기까지 한다. 그만큼 재밌기 때문이다. 미디어는 우리 뇌가 재밌어하는 콘텐츠를 무궁무진하게 제공해준다. 성인도 별반 다르지 않다. 여가 시간에 스마트폰으로 영상을 보거나 게임을 하는 건 아주 익숙하고 즐거운 일이다. 다만 아이들과 성인의 다른 점이 있다면 그건 자제력일 것이다. 아이들의 인지 능력으로는 미디어 사용량을 스스로 모니터링하거나 줄여야겠다고 생각하기 쉽지 않다. 성인도 미디어 사용을 절제해야겠다고 생각할 수는 있을지언정 이를 행동으로 옮기는 데는 어려움을 겪곤 한다. 그러니 아이들은 얼마나 힘들겠는가.

청소년기는 이전보다 더 주체적으로 미디어를 사용할 수 있는 시기다. 더 어렸을 땐 부모가 제한하면 꼼짝없이 못 본다지만 청소년기에는 더 다양한 방법으로 미디어를 사용할 수 있다. 스마트폰이 없더라도 친구의 기기를 빌릴 수 있고, PC방에 갈 수도 있다. 사용 목적도 단순 동영상 시청에서 소셜 미디어상의 소통으로 확대되며, 그로 인해 미디어 사용이 문제가 되는 일도 늘어난다.

청소년의 미디어 사용량은 조사 연도나 종류에 따라 다소 차이가 있다. 한국언론진흥재단의 '2022년 10대 청소년 미디어 이용 조사'에 따르면 10대 청소년은 인터넷을 하루 평균 약 8시간 이용했다.[3] 2019년 같은 조사의 결과였던 4시간 30분에 비해 두 배 가까이 늘어난 결과다. 정보통신정책연구원의 '아동·청소년의 미디어 이용 행태와 미디어 이용 제한' 보고서에 따르면 10대 청소년의 스마트폰 이용 시간은 2024년 하루 약 2시간 40분으로 2022년 같은 조사에서 보다 8분 늘었다.[4] 사용한 기기나 조사 방법, 코로나19 등으로 인한 차이가 있었을 테니 실제 사용량은 그 사이인 3~5시간 정도로 짐작된다. 실제로 그런 결과를 뒷받침하는 조사들도 있다.[5]

이런 조사들에서 청소년은 온라인 동영상 플랫폼, 인터넷 포털, 메신저 서비스를 가장 자주 사용하는 것으로 나타났으며 그 이용률은 95퍼센트 이상이었다. 그중에서도 온라인 동영상 플랫폼과 메신저 서비스는 3년 전에 비해 10퍼센트 가까이 상승하며 대부분의 청소년이 사용하는 것으로 드러났다. 온라인 동영상 플랫폼 중에서는 쇼츠, 릴스 등 길이가 짧은 영상의 플랫폼들이 유독 인기를 얻었다. 영상을 직접 촬영하거나 업로드해본 경험은 약 30퍼센트가 가지고 있었는데, 나이가 어릴수록 더 많았다. 이처럼 청소년이 즐기는 미디어 콘텐츠의 길이는 갈수록 짧아지고 있으며, 수동적 시청에서 능동적 상호작용으로 그 방식이 변화하고 있다.

결과를 살펴보다보면 어떻게 이리 많은 시간을 미디어에 쓸 수 있는지 놀라워진다. 학교 수업 시간, 공부를 하거나 친구와 어울리는 시간, 자는 시간을 빼고 나머지를 모두 미디어 사용에 쏟아붓는다고 해도 시간이 그만큼 나올지 의문이 들 정도다.

우리나라에서만 그런 것은 아니다. 국가마다 조금씩 다르겠으나 대부분 비슷한 추세를 보인다. 미국을 예로 들자면 8~12세 아동의 미디어 사용 시간은 평균 5시간 30분이었으며, 2시간 이하로 사용하는 아동은 24퍼센트, 아예 사용하지 않는 아동은 5퍼센트로 나타났다.[6] 13~18세 청소년은 미디어를 평균 8시간 40분 사용했으며 2시간 이하로 사용하는 청소년은 7퍼센트, 전혀 사용하지 않는 청소년은 3퍼센트에 불과했다. 두 연령층 모두에서 동영상을 보는 시간이 가장 길었고, 게임하는 시간이 그다음으로 길었다.

미디어 보급률도 국내에 버금갔다. 단적인 예로 미국의 가정 중 89퍼센트가 텔레비전을 보유하고 있었고, 스마트폰은 94퍼센트가 보유했다. 특히 스트리밍 서비스 구독이 증가했다는 점이 눈에 띈다. 지난 몇 년간 케이블 방송, 위성 방송 가입률이 줄어드는 반면 넷플릭스 같은 스트리밍 서비스의 구독률은 올랐으며, 하나라도 구독 중인 가정은 84퍼센트에 달했다. 이는 소아 청소년뿐 아니라 모든 연령대에서 동영상 시청을 가장 오래 한다는 미디어 사용 패턴과도 관련이 있어 보인다. 실제로 10대들은 없어서는 안 되는 중요한 플랫폼으로 유튜브를 가장 많이 꼽았다. 이런 동영상 시청 플랫폼을 가장 많이 사용하며 즐긴다고 응답했는데, 반대로 소셜 미디어는 사용 시간이 많은 것과 달리 즐긴다고 대답한 청소년은 훨씬 적었다.

본인의 스마트폰을 소지하고 있는 아이들 역시 증가하는 추세다. 8~12세 아동 중에서는 43퍼센트가, 13~18세 청소년 중에서는 88퍼센트가 자신의 휴대폰을 소지하고 있었다. 이런 상황에서 가정과 학교에서 스마트폰을 불씨로 갈등이 생기는 건 당연한 일일 것이다.

미디어 사용에 대한 생각

스마트폰에 대한 국내 조사 결과에 따르면, 청소년의 과반수는 스마트폰이 없어서는 안 되는 소중한 물건이라고 응답했다.[7] 적절한 이용 시간을 지키기 어렵다는 청소년은 28퍼센트, 스마트폰 때문에 학업이나 다른 일을 수행하기 어렵다는 청소년은 19퍼센트였다. 또한 36퍼센트가 스마트폰에 장시간 몰입한 뒤 우울감이나 무기력감을 느꼈다고 답했고, 42퍼센트는 목 뻐근함이나 안구 건조증을, 35퍼센트는 수면의 질이 떨어지거나 불면증을 경험했다고 답했다. 청소년 중 스마트폰 과의존 위험군이 약 40퍼센트임을 고려하면[8] 그중 상당수는 스스로도 스마트폰 때문에 어려움을 겪고 있음을 인지하는 듯하다.

한편 청소년은 미디어의 부정적 기능으로 가짜뉴스의 확산을 꼽았다. 미디어로 접한 정보를 믿었다가 뒤늦게 거짓임을 알게 된 적이 있다는 것이다. 미디어가 사이버 폭력의 도구로 사용될 수 있다고 느끼기도 했는데, 외모나 행동에 대한 뒷담화라든지 프로필 사진이 이상하게 편집돼 다른 친구들에게 퍼지는 일을 겪었다고 했다. 미디어 사용을 조절하지 못해 학업이나 생활에 부정적인 영향을 받는다고 느낀 청소년도 있었다. 미디어에 선정적인 장면, 자극적인 콘텐츠가 많다는 것도 청소년이 생각하는 부정적 요소 중 하나였다.

그럼에도 청소년은 미디어의 긍정적인 부분을 더 크게 인식했다.

유튜브 등 미디어 플랫폼은 대학 진학을 앞둔 고등학생들에게 관련 정보를 제공하고 효과적인 학습법을 제시한다. 모르는 내용을 찾아보고 새로운 지식을 습득할 수 있도록 도와주기도 한다. 나아가 게임을 좋아한다면 영상을 통해 게임 기술과 요령을 배우고, 기타를 잘 치고 싶다면 고수들의 노하우를 익힐 수 있다. 게임 속에서 협동하며 공통의 목표를 이뤄보기도 하고, 소셜 미디어로 일상을 나누며 친구들과 더 친해지기도 한다. 이런 과정에서 개인적 발전 및 사회적 연결을 느낄 수 있다. 많은 청소년이 미디어는 없어선 안 된다며 시간과 놀거리의 제약 가운데서도 재미를 찾고 스트레스를 해소할 수 있게 해주는 고마운 존재라고 묘사했다.

다른 나라에서도 유사한 의견이 나타났다. 다시 미국을 예로 들면, 청소년 중 38센트가 자신의 스마트폰 사용이 지나치다고 응답했다.[9] 적절하게 사용한다고 대답한 비율은 51퍼센트로 그보다 더 많았다. 또한 청소년 중 36퍼센트는 스마트폰 사용을 줄여보려고 노력한 적이 있다고 했다. 남자아이들보다는 여자아이들에게서 문제 인식이 높았고, 줄이려는 시도도 더 많았다. 스마트폰이 없을 때 느끼는 감정은 양가적이었다. 행복이나 평화를 느낀다는 문항에는 종종 또는 자주 그렇다고 응답한 비율이 70퍼센트 정도였지만, 불안과 외로움을 느낀다는 응답도 40퍼센트가량 됐다. 두 비율이 일정 부분 겹친다는 점을 고려하면 행복과 평화를 느끼는 동시에 불안과 외로움도 느끼는 청소년이 있다는 걸 알 수 있다. 이 연구에서도 대부분의 청소년은 스마트폰에 장점이 더 많다고 대답했다. 취미 활동과 창의성에 도움이 된다고 응답했고, 학교생활을 잘하는 데도 도움이 된다고 했다. 그러나 사회성을 기르는 데는 좋지 않은 것 같다고 했다. 이런 통계를 보면, 청소년도 미디어 사용의 단점을 인지하고 있으나 단점보다는 장점이 더 크다고 생각한다는 것을 알 수 있다.

아이들의 미디어 사용이 급증하고 그 양상 또한 바뀌고 있는 상황에서 부모들 역시 촉각을 곤두세우고 있다. 부모 4명 중 3명은 아이들의 미디어 사용 시간을 관리하는 게 중요하다고 생각했다. 청소년 자녀를 둔 부모의 절반 정도가 실제로 제한을 두고 있었는데, 이러한 경향은 자녀의 나이가 어릴수록 더 두드러졌다. 또한 청소년 자녀의 미디어 사용 시간을 관리하기 어렵다거나 그 문제로 자주 싸우게 된다는 보고도 비슷한 비율로 있었다. 할 일을 다 한 뒤에만 사용하게 하거나 밤늦게는 못 쓰게 하는 등 규칙을 설정한다는 응답도 많았다. 미디어 사용을 알아서 잘 조절해 갈등이 없는 아이들도 있었는데, 중학생보다는 고등학생이 스스로 조절을 더 잘했다.

미디어 사용을 규제해야 할까

국내에는 아이들의 미디어 사용을 금지하는 법이 따로 없다. 사실 법적으로 스마트폰 사용을 금지한다고 하면 인권 침해가 아닐까 하는 고민이 먼저 든다. 그러나 아이들의 미디어 사용을 법으로 금지하는 나라들은 분명 존재하며, 상당수가 인권을 중시한다고 알려진 서구 국가들이다.

예를 들면 프랑스는 2018년 3~15세 학생들의 학교 내 스마트폰 사용을 금지하는 법안을 제정했다. 3세 미만은 영상 시청을 금지하고 13세 이하는 스마트폰 사용을 제한하는 방안도 검토 중에 있다. 네덜란드에서는 2024년부터 교내 스마트 기기 사용을 금지했고, 수업에 꼭 필요할 때만 사용하도록 했다. 영국도 2024년 전국 학교에 스마트폰 사용금지 가이드라인을 배포했으며 16세 미만에게는 스마트폰 판매를 금지하는 방안도 검토하고 있다. 미국은 2024년 플로리다주에서 13세 이하의 소셜 미디어 가입을 금지했고 그 밖에도 총 13개 주에서 아동의 소셜 미디어 사용을 제한하거나 부모 감독을 강화하는 법을 통과시켰다. 2024년 호주에서는 16세 미만이 인스타그램, 틱톡 등 소셜 미디어 계정을 생성 또는 보유하지 못하게 하는 법을 제정했다.

몇몇 동양 국가도 비슷한 법을 만들고 있다. 대만은 2015년 '아동 청소년 복지 권익 보호법'을 개정해 2세 이하 영아의 디지털 기기 사용을 전면 금지했다. 중국 또한 미성년자의 스마트폰 사용 시간을 하루 최대 2시간으로 제한하고 있다. 이런 법과 정책은 미디어 사용이 아이들의 발달에 해로울 수 있다는 일부 근거에 기반을 두고 있다. 여러 국가가 그 근거들의 타당성을 인정하며 이를 바탕으로 법률 제

중독되는 아이들

정 및 추가 조치 시행을 검토하고 있다는 점은 눈여겨볼 만하다.

규제는 미디어 중에서도 소셜 미디어에 중점을 두고 있다. WHO에서도 2024년 9월에 소셜 미디어와 청소년에 대한 연구 결과를 발표했다.[10] 이 연구에서 특히 주목한 것은 '문제가 되는 소셜 미디어 사용'이었다. 소셜 미디어를 사용하는 것을 넘어 사용을 조절하기 어렵고, 지나치게 몰입하며, 사용하지 않을 때는 금단증상을 호소하고, 주변과 갈등이 불거지는 등 일상에 지장이 생기는 사례다. 연구 결과 이렇듯 문제적인 사용 양상을 보이는 청소년은 전체의 10분의 1 이상이었다. 아직 명확히 정의되거나 질병으로 인정된 것은 아니지만 최근 활발히 논의되고 있는 개념이며, 앞으로도 많은 연구가 이루어질 것으로 예상된다.

현재까지의 근거들은 13세 미만의 아동이 소셜 미디어 계정을 소유하지 못하게 할 것을 권고한다.[11] 이 나이에는 의사 결정 및 충동성을 관장하는 전전두피질이 미성숙해서 소셜 미디어 사용을 스스로 조절하기 어렵다. 문제가 되는 소셜 미디어 사용은 주의력 문제, 충동성, 우울, 불안, 스트레스와 관련성을 보였다.

13세 이상의 청소년이라면 문제는 더 복잡하다. 소셜 미디어는 단점만큼이나 장점 또한 가지고 있기에 단순히 '좋다' 혹은 '나쁘다'는 이분법을 적용하긴 어렵다. 다만 여기서 주목할 점은, 소셜 미디어 플랫폼은 접속 시간을 늘리게끔 설계되어 있다는 것이다. 청소년은 발달 특성상 어떤 정보를 자기만 모르는 상황을 두려워하기에 FOMO

미디어 사용의 현재와 우리가 앞으로 할 수 있는 것

소셜 미디어의 각종 알림에 더 취약할 수 있다. 그러니 소셜 미디어의 이런 특성을 충분히 교육하고 적절한 사용 제한을 함께 설정해나가야 한다. 또한 개인적인 노력뿐 아니라 사회적인 규제도 필요하다. 세계 각국이 규제책을 발표하는 배경에는 이런 필요성에 대한 인식이 있다. 일각에서는 이러한 규제의 실효성에 의문을 제기하기도 한다. 효과가 있다는 근거가 부족하고, 어디까지 규제해야 하는지가 불명확하며, 실제로 지켜지기도 어렵다는 것이다. 규제는 이미 시작되었으니 그 효과가 어떨지 계속 지켜볼 필요가 있다.

아이 대상 광고와 디지털 리터러시

아이들이 미디어 속에서 알게 모르게 마주치는 것이 있다. 바로 광고다. 미디어를 통한 광고 자체는 낯설지 않다. 텔레비전 광고가 시작된 지도 오래됐고, 그보다 더 전에는 라디오로 광고를 했다. 그러나 아이들이 인터넷, 스마트폰, 태블릿 등 다양한 미디어를 이용하게 된 지금 광고 또한 변화하고 있다는 걸 알아야 한다.

광고가 아이들에게 미치는 영향을 알아보기 앞서 광고에 대한 아이들의 생각을 살펴보자. 보통 어른들은 광고가 물건이나 서비스를 이용하도록 사람들을 설득하기 위해 존재한다는 사실을 인지한다.[12] 그러나 7세 미만의 어린아이는 이런 의도를 알아차리지 못한다.

7~11세 아동은 광고가 설득의 목적을 가지고 있다는 것까지는 부모 도움으로 이해하지만, 상업적 배경을 추상적으로 생각하는 것은 어려워한다. 12세 이상이라면 광고 및 광고주의 목적을 어느 정도 이해할 수 있게 된다. 그러나 이해한다 해도 광고를 보고 구미가 당긴 물건을 못 사게 하기는 어려울 수 있다.

지난 몇 년간 미디어는 전례 없이 빠른 속도로 진화해왔다. 라디오와 텔레비전이 일방향성 매체였다면 인터넷, 소셜 미디어, 모바일 앱, 증강 현실이나 메타버스 등은 양방향성을 띠며, 매체의 소비자가 생산자가 되기도 한다. 이에 따라 콘텐츠와 광고의 경계도 더 모호해졌다. 어린아이가 장난감을 개봉하는 영상이라든지, 인플루언서가 제품의 유용성을 보여주는 게시글 등은 광고라는 사실을 숨긴 채 아이들에게 전달되곤 한다.

매체를 통해 수집되는 정보도 늘어나고 있다. 내가 어떤 웹페이지를 보고 있는지, 어떤 게시물에 좋아요를 누르는지, 현실에서의 위치 정보가 어떠한지 등 방대한 데이터가 모이고 있다. 이렇게 수집된 데이터는 제삼자에게 제공·판매될 수 있다. 이를 기반으로 맞춤형 광고가 선별되기도 한다. 그러나 아이들은 이런 데이터 수집 과정을 잘 모를 가능성이 높고, 알게 되더라도 그 복잡성과 상업성을 충분히 이해하기 어렵다.[13] 이렇게 정보가 쌓이다보면 매체에서 보고 접하는 정보가 한 방향으로 쏠리기 쉽다는 점도 문제다.

광고에는 아이들을 유혹할 수 있는 요소가 다양하게 사용된다. 대

미디어 사용의 현재와 우리가 앞으로 할 수 있는 것

표적으로는 디자인이 있는데, 아이들이 호감을 느끼는 캐릭터나 연예인을 활용해 제품을 홍보하는 전략은 이미 유명하다. 시각적인 요소로 클릭을 유도하기도 한다. 앱 사용과 광고를 연관 짓는 전략도 사용된다. 실제로 아이들 대상의 무료 앱을 분석한 조사를 보면 그중 96퍼센트가 상업적인 광고를 포함하고 있었다.[14] 광고가 앱 사용 중에 자동으로 나타나기도 했고, 게임 아이템 등의 보상을 걸고 광고 시청을 유도하기도 했다.

이런 광고는 제품의 구매를 넘어 아이들의 행동과 건강에도 영향을 미친다. 예를 들면 식이 습관이 그렇다. 고칼로리·저영양 음식에 대한 광고는 비만과 상관관계를 보였으며, 미디어를 많이 볼수록 과일과 야채 섭취는 줄고 고칼로리 음식 섭취는 늘어났다.[15] 이런 영향에는 청소년이 더 취약할 수 있다. 유명 연예인을 기용한 광고의 과반수가 단 음료나 고칼로리·저영양 식품을 홍보하고 있었고, 청소년들은 그 의도성을 알면서도 영향을 받기 때문이다.[16] 담배나 술 사용도 광고와 관련이 있다. 청소년기에 이런 물질들에 대한 광고를 접하면 친근감을 느껴 향후 소비에도 영향을 받을 수 있다. 중독성 물질에 대한 광고를 허용하지 않는 매체도 있긴 하지만, 소셜 미디어 등을 통한 간접적인 노출까지 다 막기란 현실적으로 어렵다.

그렇기에 디지털 리터러시digital literacy가 점점 더 중요해지고 있다.[17] 디지털 기술을 올바르게 이해하고 사용하는 능력이다. 조금 더 자세하게는, 디지털 기술이 각기 다른 목적을 가진 사람들에 의해 만들어졌음을 이해하고, 유혹하는 콘텐츠를 포함하고 있음을 인지하며, 그 내용을 스스로 판단하는 능력을 말한다. 디지털 기술의 활용법뿐 아니라 비판적 수용법까지 알려주는 것이 특히 중요하다.

우리 가족만의 미디어 사용 계획 만들기

미국소아과학회는 미디어 관련 성명서에서 각 가정만의 가족 미디어 계획을 세우는 것을 권장했다.[18] 개별화된 계획이 중요한 이유는 가정마다 중요시하는 가치나 처한 상황이 모두 다르기 때문이다. 심지어 같은 가정 안에서도 아이마다 나이, 성격, 조절 능력 등이 다 다르다. 계획을 세울 때는 아이과 부모가 함께 참여해야 한다.

아래는 가족 미디어 사용 계획에 포함될 수 있는 내용들이다. 어떤 내용은 초등학교 입학 전후의 아이들에게, 어떤 내용은 청소년에게 더 적합할 수 있으니 상황에 따라 유연하게 판단할 필요가 있다.

가족 미디어 사용 계획			
	온라인 활동과 오프라인 활동의 균형		미디어에 대해 같이 이야기하기
	공감과 배려		개인정보 보호와 안전
	미디어 없는 공간 만들기		미디어 사용 규칙 만들기
	적합한 내용의 미디어 선택		함께하는 미디어 사용

[사례] 스마트폰 사용 조절에 성공한 시우

초등학교 3학년생 시우는 스마트폰 게임에 푹 빠졌다. 학교와 학원은 잘 다니지만 그 외의 시간엔 스마트폰만 들여다봤다. 숙제를 마친 뒤에만 스마트폰을 할 수 있다는 규칙을 세워봐도 지켜지지 않았다. 보다 못 한 엄마가 잔소리를 하기 시작하면 말다툼으로 이어졌으며, 시우도 엄마도 기분이 나빠졌다.

이대로는 안 되겠다고 생각한 시우의 부모님은 가족 모두가 참여하는 스마트폰 사용 계획을 세워보기로 했다. 우선 가족들의 스마트폰 사용 시간을 살펴보았다. 검색해보니 앱 설치 없이 스마트폰 자체 기능만으로도 사용 시간을 확인할 수 있었는데, 부모의 평일 사용

중독되는 아이들

시간도 4시간을 훌쩍 넘었다. 심지어 퇴근 후 시우와 함께 집에 있을 때도 많이 썼고, 시우도 그때 스마트폰 게임을 많이 했다.

부모는 시우에게도 상황을 공유한 뒤 각자 스마트폰을 사용하는 이유를 이야기해보았다. 엄마는 장을 보거나 요리 레시피가 모여 있는 소셜 미디어를 확인하고, 친구들과 소통하는 게 주목적이었다. 아빠는 한창 관심이 생긴 클라이밍 영상을 찾아보았다. 이 과정에서 시우가 어떤 게임을 왜 하는지 알 수 있게 되었다. 시우는 전략을 세워 스테이지를 클리어하는 스마트폰 게임을 하고 있었다. 하면 할수록 실력이 늘고 더 강한 캐릭터를 키울 수 있으며 친구들의 인정을 받기도 했는데, 그런 점이 참 뿌듯하다고 했다. 그 전까지는 혼날까봐 이야기를 못 꺼냈다고도 했다.

세 사람은 머리를 맞대고 미디어 사용을 줄일 방법을 고심했다. 우선 스마트폰 사용 외에 같이 할 수 있는 활동을 정했다. 시우가 평소 잘하고 싶어했던 피구를 부모와 함께 연습하는 것이었다. 또한 가족 모두 저녁 식사 중에는 스마트폰을 보지 않기로 하고 식탁 위에 보관용 상자를 마련했다. 아빠는 시우가 하는 게임을 깔아서 조언을 구하기도 했다. 시우는 신나서 설명해주었고, 아빠는 게임이 예상보다 복잡하고 생각을 많이 해야 한다는 데 놀랐다. 유저들끼리 욕이나 비방을 한다는 사실도 알게 되었다. 시우는 욕을 한 적은 없으나 들은 적은 있다고 했다. 부모는 그때 어떤 생각이 들었는지, 앞으로 비슷한 상황이 생긴다면 어떻게 반응할지 등에 대해 시우와 이야기를 나누었다.

계획을 세웠다고 단숨에 모든 마찰이 사라진 것은 아니다. 그렇지만 시우는 규칙을 지키기 위해 전보다 더 노력했으며, 부모와 더 많이 소통하게 되었다.

온라인 활동과 오프라인 활동의 균형

미디어 사용을 조절하려면 미디어 외에도 할 수 있는 활동이 있어야 한다. 가족들이 함께 할 수 있는 것이면 더 좋다. 매일 정해진 시간에 어른과 아이 모두가 같이 할 수 있는 취미 활동을 찾아보자. 가족의 선호에 따라 그림 그리기, 만들기, 도서관 가기, 운동하기 등을 시도해볼 수 있다. 하고 싶은 활동을 목록으로 만든 뒤 제비뽑기를 할 수도 있다. 지역사회에서 할 수 있는 활동을 찾아보는 것도 좋은 방법이다. 근처에서 운동을 배울 수도 있고, 다 같이 참여할 만한 봉사활동을 찾을 수도 있다.

이와 더불어 온라인에서 보내는 시간이 얼마나 되는지 확인해보자. 스마트폰이나 태블릿에는 미디어 사용 시간을 보여주는 기능이 탑재돼 있다. 확인해보면 사용 시간이 생각보다 더 길게 나오곤 한다. 아이뿐 아니라 부모도 꼭 확인해봐야 한다. 이용 시간을 줄이기 위한 배경화면 등을 설정해두면 좋다. 그 외에도 텔레비전이 시청하지 않을 때도 켜져 있다면 꼭 꺼두고, 스마트폰과 태블릿에 깔린 앱들은 웬만하면 최소화하거나 숨겨두자. 어렵지 않은 행동이 미디어 사용 조절에 도움을 준다.

미디어에 대해 같이 이야기하기

미디어 이야기는 아이와 부모 모두에게 꺼려질 수 있다. 아이들은 제한을 받아들이기 어려워하거나 좌절감을 느끼고, 부모는 말다툼을 하게 될까봐 걱정하거나 제한 자체에 죄책감을 느끼곤 한다. 스마트폰이나 태블릿은 보통 혼자서 사용하니 가족과 나눌 공통의 화제가 많이 없다는 것도 이유다.

공유하기 위해서는 가족끼리 자주 의사소통하는 게 최선이다. 예를 들면 함께 저녁을 먹으면서 오늘 미디어에서 본 것 중 가장 인상 깊었던 것과 가장 답답하거나 싫었던 것에 대해 각자 이야기해보는 것이다. 오늘의 미디어 사용을 되돌아보고 더 현명하게 사용할 방법에 대해 스스로 말해볼 수도 있다. 이때 가장 중요한 점은 최대한 열린 마음으로 듣는 것이다. 잔소리보다는 질문을, 가르치고 해결하려 들기보다는 이해하고 공감하는 것이 좋다. 그렇지 않으면 소중한 대화 시간이 말다툼 시간으로 바뀌고, 아이들은 입을 닫게 될 수 있다.

아이가 어리다면 부모가 미디어를 사용할 때 무엇을 하는지 알려주는 게 도움이 된다. "아빠한테 집에 몇 시에 들어올지 물어보고 있어"라든지, "주말에 같이 갈 식당을 예약하고 있어"라고 말해준다면, 아이는 다른 사람들과 소통하고 계획을 세우기 위해 미디어를 사용할 수 있다는 걸 배울 것이다. 조금 더 큰 아이들과는 미디어를 사용하며 느끼는 감정을 나눠볼 수 있다. 그중에서도 미디어 때문에 부정적인 감정을 느꼈던 일에 대해 이야기해보는 게 중요하다.

공감과 배려

만나는 사람을 존중해야 하는 것은 오프라인에서나 온라인에서나 마찬가지다. 요즘은 온라인상의 의사소통이 모든 아이의 사회생활에 필수가 됐다. 그러나 온라인에서는 상대방을 직접 대면하지 않는 만큼 화를 내거나 적대감을 표출하기가 더 쉽다. 온라인 괴롭힘, 따돌림 등이 발생하는 것도 그 때문이다.

미디어 사용 중 분노했던 순간에 대해 아이와 얘기해보자. 어떤 말을 들었을 때 화가 났고, 반대로 아이는 어떻게 화를 냈는지 같이 생각해보자. 메시지를 보내기 전에 열까지 세고 다시 보거나 상대방을 직접 보고 있다면 이런 말을 할 수 있을지 고민해보는 게 도움이 될 수 있다. 온라인상의 악성 댓글이나 다툼에 대해 대화를 나눠보는 것도 좋다. 특히 온라인상의 괴롭힘이나 따돌림에 어떻게 대처해야 할지 미리 이야기를 나눠두자. 그리고 실제로 그런 일이 일어난다면, 아이를 지지해주며 어떤 상황인지를 듣고 증거를 남겨두자.

개인정보 보호와 안전

온라인상의 정보는 너무 쉽게 공유되고 확산된다. 무심코 올린 사진이나 전화번호 등 개인정보가 여기저기 퍼지는 것은 부끄럽기도 하지만 무엇보다 피해가 발생할 수 있는 일이다. 사진을 업로드하기 전에 '모든 사람이 이 사진을 봐도 괜찮을까?'라는 질문을 던질 수 있도록 해야 한다. 사진에 다른 사람이 나왔다면 그 사람들은 사진을 올리는 것에 동의하는지 미리 확인하도록 하는 것도 중요하다.

어린아이라면 알고리즘에 부적절한 콘텐츠가 나타나는지 살펴봐야 한다. 아이들은 허위 정보나 스팸 메시지, 위험한 챌린지, 프로아나pro-ana 콘텐츠, 음란물 등을 의도치 않게 접할 수 있다. 부적절한 내용을 구별하고 신고하는 방법을 알려주자. 청소년기에 접어드는 아이라면 온라인상에서 모르는 사람을 만날 때 어떻게 하면 좋을지도 함께 의논해보자. 게임은 하되 소통은 하지 않을 것인지, 소통을 할 거라면 문자나 채팅으로만 할 것인지 통화도 할 것인지 등을 미리 상의하고 규칙을 정하는 게 좋다. 경우에 따라서는 사용하는 앱에 나이 제한을 걸거나, 제한이 걸리지 않는다면 아예 사용을 금지해야 할 수도 있다.

미디어 없는 공간 만들기

아이든 부모든 집에서 휴식을 취할 때면 미디어를 사용하고 싶을 수 있다. 그러나 특정 상황이나 공간에서 미디어를 사용하는 일이 습관이 되면 가족의 건강에 좋지 않다. 하나의 예로 식사 시간이 있다. 식사 시간에 반복적으로 미디어를 사용하는 것은 식습관에 좋지 않을 수 있고, 대화나 감정 교류에도 방해가 된다. 그러니 식사 시간에는 스마트폰을 상자에 넣어둔다거나 와이파이를 끄는 등의 규칙을 정해보자. 대화를 풍부하게 하는 이야기 주제도 함께 마련하면 더 좋다.

밤 시간대의 침실을 '스크린 금지 구역'으로 만드는 방법도 고려해보자. 침실에 디지털 기기가 있으면 아이들은 자기 전에 조금만 더 보고 싶다는 유혹에 시달린다. 밤에 미디어를 많이 시청할수록 수면의 양과 질이 떨어진다는 이야기는 이미 널리 알려져 있다. 미디어를 시청하는 게 아니라도 빛이나 알람이 수면을 방해할 수 있다. 미디어 기기를 침실 밖에 두거나 특정 시간 이후에는 와이파이를 사용할 수 없도록 설정해보자. 이미 습관이 들어버렸다면 음악이나 오디오북, 수면 스트레칭 영상 등을 대안으로 활용할 수 있다.

학교에서의 미디어 사용도 중요한 문제 중 하나다. 다니고 있는 학교의 규칙이 어떻게 되어 있는지 알아두고 아이와 이야기해보자. 일부 국가는 정부 차원의 규제에 들어갔고, 국내에서도 비슷한 논의가 이루어지기 시작했다.

미디어 사용 규칙 만들기

가정 내에 일관된 규칙이 있다면 기억하기 좋을뿐더러 매번 협상하고 실랑이해야 할 필요가 적어진다. 방법이 따로 정해져 있는 것은 아니니 가정마다의 상황에 맞추어 정하도록 하자.

가족 모두의 미디어 사용 시간을 확인한 뒤, 이를 바탕으로 현실적인 규칙을 세워보자. 물론 아이의 의견도 경청해야 한다. 다만 아이가 어릴수록 부모의 판단에 더 힘을 싣고, 나이가 많아질수록 아이의 의견을 더 반영하면 좋다.

주말에만 오락을 허용하는 가정도 있고, 매일 정해진 시간 안에서

만 미디어 사용을 허락하는 가정도 있다. 이렇듯 규칙은 다양할 수 있으나 할 일이 있다면 먼저 끝내둔 뒤에 이용하게 하는 것을 권장한다. 이때 할 일의 범위가 명확하고 시각화된 목록 형태로 집 안에 게시되어 있으면 좋다. 미디어 사용 규칙도 화이트보드에 쓰거나 종이로 출력해서 잘 보이는 곳에 붙여놓자. 등원이나 등교 전 시간에 스크린을 보여줄 때는 주의가 필요하다. 일어나자마자 뇌를 자극하는 영상을 보면 낮 동안의 피로도가 올라갈 수 있고, 스크린을 더 보겠다는 등의 문제로 바쁜 아침 시간에 실랑이가 생길 수도 있다.

적합한 내용의 미디어 선택

미디어를 얼마만큼 사용하는지도 중요하지만, 어떤 콘텐츠를 어떤 목적으로 사용하는지도 중요하다. 목적의식 없이 사용하다보면 자신의 의도가 아니라 미디어의 의도대로 콘텐츠를 소비하며 계획과 멀어질 수 있다. 미디어를 사용하기 전에 그 목적에 대해 이야기를 나누어보자. 재미를 위해 사용할 때라도 어떤 미디어에서 재미를 느끼는지, 그것이 적절한지 살펴볼 필요가 있다. 미디어와 관련해 더 하고 싶거나 그만하고 싶은 것은 무엇인지도 확인하고 그런 방향성이 부모 눈에 적절한지 논의해보자.

어떤 앱을 사용하는지도 중요하다. 교육적이라는 앱도 교육과 거리가 멀 수 있고, 무료 앱이라도 앱 안에서 유료 구매를 유도하거나 아이의 데이터를 수집할 수 있다. 아이가 앱을 이용하기 전에 부모가

미디어 사용의 현재와 우리가 앞으로 할 수 있는 것

먼저 리뷰를 살펴보고 직접 사용해보면 좋다. 다운로드 기능에 부모만 아는 비밀번호를 걸어두면 아이와 함께 앱을 미리 살펴볼 수 있다. 앱을 사용한 지 2주 정도가 지났다면 그에 대해 아이가 어떻게 생각하는지 같이 얘기해보길 권한다.

마지막으로 앱 내 유료 구매를 살펴봐야 한다. 온라인에서의 재화에 대한 이해는 연령에 따라 다를 수 있다. 숫자로 표시되는 돈이 실제 돈과는 다르다고 생각할 수도 있고, 돈을 벌고 저축하고 쓴다는 개념 자체가 없을 수도 있다. 앱 내 결제는 철저히 관리해 부모의 허락 없이는 진행할 수 없도록 해야 한다.

함께하는 미디어 사용

미디어 사용에는 장점도 많다. 공통의 관심사를 가질 수 있는 데다 유대감도 강화된다. 가족이 함께 미디어를 사용하는 시간을 만들어보자. 예를 들면 매주 금요일이나 토요일 밤에 모여서 영화를 보는 것이다. 각자 번갈아가며 영화를 고른 뒤 그 이유를 설명해도 좋다. 보고 나서 감상을 나누다보면 서로의 생각도 이해할 수 있을 것이다.

유튜브 영상을 같이 볼 수도 있다. 아이가 어릴수록 부모와 함께 영상을 볼 때 더 많은 지식을 배우고 다른 사람의 관점을 이해할 수 있다. 유해한 콘텐츠를 고른 게 아닌 이상 잔소리는 삼가자. 그보다는 영상을 보고 나서 기분이 어떤지, 영상 속 상황과 비슷한 일을 겪은 적이 있는지, 어떤 출연자에게 가장 마음이 가는지 등을 묻고 대

중독되는 아이들

화를 나눠보자. 게임을 좋아하는 아이라면 같이 해볼 수도 있다. 게임을 소개해달라거나 잘하는 방법을 알려달라고 부탁해보자. 우려되는 부분에 대해서는 아이의 의견을 물어볼 수도 있다. 아이들도 저 나름대로 생각을 가지고 있기 때문이다.

*

미디어 사용은 점점 늘어나고 있다. 이는 막을 수 없는 흐름이다. 지금의 아이들은 태어나면서부터 미디어를 접해왔고, 성장하면서, 또 어른이 되어서도 전에 없이 많은 미디어를 접하게 될 것이다. 그러니 발달단계별로 미디어가 미칠 수 있는 영향을 파악해둬야 한다.

다른 기술과 마찬가지로 미디어 또한 사람의 필요에 의해 발전해왔고, 어떻게 사용하는지에 따라 장단점이 뚜렷하다. 물밀듯 밀려오는 미디어의 파도 속에서 아이들의 배가 올바른 방향으로 나아갈 수 있도록 돕는 것이 부모의 역할이다. 아이가 아주 어릴 때는 부모가 조타수로서 온전히 배를 조정하지만, 한 살 더 먹을수록 한 걸음 뒤로 물러나면서 아이 혼자서도 배를 잘 운전할 수 있도록 도와주어야 한다. 그리고 그 과정에서 목적지에 안전하게 도착하도록 서로 소통하는 게 무엇보다 중요하다. 이렇듯 부모와 아이가 하는 가정에서의 노력에 더해, 사회 차원의 보다 큰 틀에서 안전한 환경을 만들어주려는 시도 또한 필수적이다.

주

2장

1 https://www.who.int/news-room/fact-sheets/detail/physical-activity

2 Youth screen media habits and sleep: sleep-friendly screenbehavior recommendations for clinicians, educators, and parents Lauren Halea / https://pmc.ncbi.nlm.nih.gov/articles/PMC5839336/pdf/nihms921772.pdf. 대한민국 만 3-6세 유아의 24시간 생활 습관 송윤경1 PhD, 전용관1,2,3 PhD 1 연세대학교 스포츠응용산업학과, 2 미래융합연구원 암당뇨운동의학센터, 3 연세 암병원·암예방센터 https://www.ksep-es.org/upload/pdf/ksep-2023-00115.pdf?utm_source=chatgpt.com

4장

1 이 글에서 설명하고자 하는 기능을 하는 영역에 대해 더 정확한 용어를 쓰자면 전두엽(Frontal lobe)을 구성하는 하부 영역 중 하나인 전전두피질(Prefrontal cortex)이다. 일반적으로 전두엽이라는 용어를 사용하면서 전전두피질의 기능을 설명하는 경우가 많은데, 이는 전전두피질이 가지는 기능들이 전두엽에 대한 대중적인 관심을 받는 대표적인 기능이기 때문이다. 이 챕터에서도 관습적인 사용에 따라 전전두피질 대신 전두엽이라는 용어를 사용하여 이해를 돕고자 한다.

2 Telzer EH. Dopaminergic reward sensitivity can promote adolescent health: A new perspective on the mechanism of ventral striatum activation. *Developmental cognitive neuroscience.* 2016;17:57-67.

3 Nonlinear maturation processes of subcortical and prefrontal brain areas lead to an imbalance of neural networks in adolescence. From "Casey BJ, Jones RM, Hare TA. The adolescent brain. *Annals of the New York Academy of Sciences.* 2008."

5장

1 Vogels EA, Gelles-Watnick R. Teens and social media: Key findings from Pew Research Center surveys. Pew Research Center: 2023.

2 Chou HT, Edge N. "They are happier and having better lives than I am": the impact of using Facebook on perceptions of others' lives. *Cyberpsychology, behavior, and social*

networking. 2012;15(2):117-121.

3   Kannan VD, Veazie PJ. US trends in social isolation, social engagement, and companionship-nationally and by age, sex, race/ethnicity, family income, and work hours. 2003 – 2020. *SSM-population health*. 2023;21:101331.

4   Steinsbekk S, et al. The new social landscape: Relationships among social media use, social skills, and offline friendships from age 10 – 18 years. *Computers in Human Behavior*. 2024;156:108235.

5   Shensa A, et al. Real-life closeness of social media contacts and depressive symptoms among university students. *Journal of American college health*. 2018;66(8):747-753.

6   Dutta S, Ma J, De Choudhury M. Measuring the Impact of Anxiety on Online Social Interactions. *Proceedings of the International AAAI Conference on Web and Social Media*. 2018;12(1).

7   Chu M, et al. Emotional contagion on social media and the simulation of intervention strategies after a disaster event: a modeling study. *Humanities and Social Sciences Communications*. 2024;11(1):1-15.

8   Kramer AD, Guillory JE, Hancock JT. Experimental evidence of massive-scale emotional contagion through social networks. *Proceedings of the National Academy of Sciences*. 2014;111(24):8788-8790.

9   Mazzeo SE, et al. Mitigating harms of social media for adolescent body image and eating disorders: A review. *Psychology Research and Behavior Management*. 2024;2587-2601.

10 Twenge JM, et al. Increases in depressive symptoms, suicide-related outcomes, and suicide rates among US adolescents after 2010 and links to increased new media screen time. *Clinical psychological science*. 2018;6(1):3-17.

11 Murthy V. *Social Media and Youth Mental Health: The US Surgeon General's Advisory*. 2023.

12 Kwon S, et al. Association of smartphone use with body image distortion and weight loss behaviors in Korean adolescents. JAMA network open. 2022;5(5):e2213237-e2213237.

13 Meier EP, Gray J. Facebook photo activity associated with body image disturbance in adolescent girls. *Cyberpsychology, behavior, and social networking*. 2014;17(4): 199-206.

14 김영주·김수지,「2019 10대 청소년 미디어 이용 조사」, 수용자조사, 2019

15 Onergan AR, et al. Protect me from my selfie: Examining the association between photo...based social media behaviors and self...reported eating disorders in

adolescence. *International Journal of Eating Disorders*. 2020;53(5):755-766.

16   Doumas DM, Midgett A. The relationship between witnessing cyberbullying and depressive symptoms and social anxiety among middle school students: is witnessing school bullying a moderator? *Journal of Child and Adolescent Counseling*. 2021;7(3): p. 149-160.

17   Hisler GC, et al. Screen media use and sleep disturbance symptom severity in children. *Sleep Health*. 2020;6(6):731-742.

7장

1   Paat YF, Markham C. Digital Crime, trauma, and abuse: Internet safety and cyber risks for adolescents and emerging adults in the 21stcentury. *Social Work in Mental Health*. 2020;19(1):18-40.

2   Hellstrand K, et al. Prevalence of cyberbullying in patients presenting to the pediatric emergency department. *Pediatric Emergency Care*. 2021;37(6):e334-e338.

3   Sirola A, Kaakinen M, Oksanen A. Peer Group Identification as Determinant of Youth Behavior and the Role of Perceived Social Support in Problem Gambling. *Journal of Gambling Studies*. 2019;35:15-30.

4   Parrado-González A, León-Jariego JC. Exposure to gambling advertising and adolescent gambling behaviour. Moderating effects of perceived family support. *International Gambling Studies*. 2020;20(2):214-230.

5   김소영, 「[공공돋보기] '미래' 병드는 청소년 도박」, 공공뉴스, 2024

6   사행산업통합감독위원회, 「제5차 불법도박 실태조사」, 2023

7   경찰청, 「경찰청, 사이버 불법도박 근절을 위해 중독성 범죄 선도프로그램 연계 등 종합 대응 시행」, 2024

8   Bryce J, Klang M. Young people, disclosure of personal information and online privacy: Control, choice and consequences. *Information Security Technical Report*. 2019;14(3):160-166.

9   여성가족부, 「아동 청소년 대상 성범죄 발생추세 및 동향분석」, 『2023년도 여성가족부 연구용역 보고서』, 2024

10   배상균, 「딥페이크(Deepfake) 영상물에 관한 법적 대응조치 검토」, 『4차산업혁명 법과 정책』, 2021:183-210

11   Schacter HL, Greenberg S, Juvonen J. Who's to blame?: The effects of victim disclosure on bystander reactions to cyberbullying. *Computers in Human Behavior*.

2016;57:115 - 121.

12 O'Connell R. A typology of child cybersexploitation and online grooming practices. *Technical report*. 2003.

13 여성가족부, 「아동 청소년 대상 성범죄 발생추세 및 동향분석」, 『2023년도 여성가족부 연구용역 보고서』, 2024

14 Savage L. Online child sexual exploitation: A statistical profile of police-reported incidents in Canada, 2014 to 2022. *Juristat Article*. 2024.

15 윤정숙, 「n번방 방지법-① 주요 내용과 의미」, 『KISO Journal』, 2020

16 이선욱, 「「놀이문화처럼 번져」...딥페이크 성범죄 왜 유독 청소년들 많았나?」, BBC 코리아, 2024

17 Marciano L, Schulz PJ, Camerini AL. Cyberbullying perpetration and victimization in youth: A meta-analysis of longitudinal studies. *Journal of Youth and Adolescence*. 2020;49(7):1315-1331.

18 Mitchell KJ, Finkelhor D, Wolak J. Risk factors for and impact of online sexual solicitation of youth. *JAMA*. 2001;285(23):3011-3014.

19 Juvonen J, Gross EF. Extending the school grounds?—Bullying experiences in cyberspace. *Journal of School Health*. 2008;78(9):496 - 505.

20 Sampasa-Kanyinga H, Hamilton HA. Use of social networking sites and risk of cyberbullying victimization: A population-level study of adolescents. *Cyberpsychology, Behavior, and Social Networking*. 2015;18(12):704 - 710.

21 윤덕경·김정혜·천재영·김영미·유경희, 「온라인 성폭력 피해실태 및 피해자 보호방안」, 한국여성정책연구원, 2018

22 김혜순, 「디지털성범죄 피해 대응 안내서」, 경기도여성가족재단 경기도 디지털성범죄 피해자 원스톱 지원센터, 2023

23 장근영·임지연, 「아동청소년 대상 디지털 성범죄 현황 및 대응방안 연구」, 한국청소년정책 연구원, 2021

24 여성가족부, 「디지털 성범죄 예방을 위한 7가지 안전수칙 제안」, 2020

8장

1 한국언론진흥재단, 「2023 어린이 미디어 이용 조사」, 2023

2 이정원·박원순·엄지원, 「영유아의 미디어 이용 적정화를 위한 정책 방안 연구」, 육아정책연구소, 2021

3 한국언론진흥재단, 「2022년 10대 청소년 미디어 이용조사」, 2022

4 김윤화, 「아동·청소년의 미디어 이용행태와 미디어 이용 제한」, 정보통신정책연구원, 2024

5   김지경·송현주·김균희·정윤미, 「2022년 청소년 매체이용 및 유해환경 실태조사」, 한국청소년
    정책연구원, 2022.; 서보강·문종원·이동훈, 「한국 청소년의 인터넷과 스마트폰의 이용에 따른
    주관적 안건강」, 대한안과학회지, 2023;64:613-9

6   Rideout V, Peebles A, Mann S, Robb MB. The Common Sense Census: Media Use by
    Tweens and Teens. Common Sense: 2021.

7   배상률·이창호, 「청소년 미디어 이용 실태 및 대상별 정책대응방안 연구 Ⅱ: 10대 청소년」, 한국
    청소년정책연구원, 2021

8   한국지능정보사회진흥원, 「2023 스마트폰 과의존 실태조사」, 2024

9   Anderson M, Faverio M, Park E. How Teens and Parents Approach Screen Time. Pew
    Research Center: 2024.

10 Boniel-Nissim, Meyran, Marino, Claudia, Galeotti, Tommaso, Blinka, Lukas, Ozoli a,
    Kristīne, et al., A focus on adolescent social media use and gaming in Europe, central
    Asia and Canada: Health Behaviour in School-aged Children international report from
    the 2021/2022 survey, World Health Organization, 2024.

11 Montag C, Demetrovics Z, Elhai JD, Grant D, Koning I, Rumpf HJ, M Spada M,
    Throuvala M, van den Eijnden R. Problematic social media use in childhood and
    adolescence. Addict Behav, 2024.

12 John DR. Consumer socialization of children: a retrospective look at twenty-five years
    of research. J Consum Res. 1999: 26(3):183 – 213.

13 Livingstone S, Stoilova M, Nandagiri R. Children's Data and Privacy Online: Growing
    up in a Digital Age. *An Evidence Review*. London: London School of Economics and
    Political Science: 2019.

14 Meyer M, Adkins V, Yuan N, Weeks HM, Chang YJ, Radesky J. Advertising in young
    children's apps: a content analysis. *J Dev Behav Pediatr*. 2019;40(1):32 – 39.

15 Pearson N, Biddle SJ. Sedentary behavior and dietary intake in children, adolescents,
    and adults. A systematic review. *Am J Prev Med*. 2011;41(2):178 – 188.

16 Bragg MA, Miller AN, Elizee J, Dighe S, Elbel BD. Popular music celebrity endorsements
    in food and nonalcoholic beverage marketing. *Pediatrics*. 2016: 138(1): e20153977.

17 Radesky J, Chassiakos YLR, Ameenuddin N, Navsaria D. COUNCIL ON
    COMMUNICATION AND MEDIA. Digital Advertising to Children. *Pediatrics*.
    2020;146(1):e20201681.

18 COUNCIL ON COMMUNICATIONS AND MEDIA. Media Use in School-Aged Children
    and Adolescents. *Pediatrics*. 2016;138(5):e20162592.

참고문헌

3장

KBS 「시사기획 창」 제작팀, 「중학생의 뇌가 달라졌다」, 마더북스, 2020

홍강의 외 공저, 『소아정신의학 3판』, 학지사, 2023

Hari J. *Stolen focus*. Doublin: Bloomsbury Publishing; 2022.

Haidt J. *The Anxious Generation*. New York: Penguin Press; 2024.

Kardefelt D, Unicef W. How does the time children spend using digital technology impact their mental well-being, social relationships and physical activity?: An evidence-focused literature review. *Innocenti Discussion Paper*. 2017.

Canadian Pediatric Society. Pediatrics & Child Health. 2019.

Marciano L, et al. Digital media use and adolescents' mental health during the Covid-19 pandemic: A systematic review and meta-analysis. *Frontiers in public health*. 2022.

Dickson K, Richardson M, Kwan I, MacDowall W, Burchett H, Stansfield C, Brunton G, Sutcliffe K, Thomas J. Screen-based activities and children and young people's mental health. *A Systematic Map of Reviews*. London: EPPI Centre; 2018.

Mittal U, et al. A comprehensive review on generative AI for education. *IEEE Access*. 2024.

Thorell LB, et al. Longitudinal associations between digital media use and ADHD symptoms in children and adolescents: a systematic literature review. *European Child & Adolescent Psychiatry*. 2024.

Hare C, et al. Children's reading outcomes in digital and print mediums: A systematic review. *Journal of Research in Reading*. 2024.

Stiglic N, Viner RM. Effects of screentime on the health and well-being of children and adolescents: a systematic review of reviews. *BMJ Open*. 2019;9:e023191.

4장

Orben A, Przybylski AK, Blakemore SJ, Kievit RA. Windows of developmental sensitivity to social media. *Nature Communications.* 2022;13(1):1649.

Burnett S, Sebastian C, Kadosh KC, Blakemore SJ. The social brain in adolescence: Evidence from functional magnetic resonance imaging and behavioural studies. *Neuroscience & Biobehavioral Reviews.* 2011;35(8):1654-1664.

Blakemore SJ. Development of the social brain during adolescence. *Quarterly Journal of Experimental Psychology,* 2008;61(1):40-49.

Schweizer S, Gotlib IH, Blakemore SJ. The role of affective control in emotion regulation during adolescence. *Emotion.* 2020;20(1):80.

Giedd JN. The digital revolution and adolescent brain evolution. *Journal of Adolescent Health.* 2012;51(2):101-105.

Casey BJ, Getz S, Galvan A. The adolescent brain. *Developmental review.* 2008;28(1):62-77.

Lorenz RC, Gleich T, Beck A, Pöhland L, Raufelder D, Sommer W, Rapp MA, Kühn S, Gallinat J. Reward anticipation in the adolescent and aging brain. *Hum Brain Mapp.* 2014;35(10):5153-65.

O'Reilly M, Dogra N, Hughes J, Reilly P, George R, Whiteman N. Potential of social media in promoting mental health in adolescents. *Health Promotion International.* 2019;34(5): 981-991.

Wahlstrom D, White T, Luciana M. Neurobehavioral evidence for changes in dopamine system activity during adolescence. *Neuroscience & Biobehavioral Reviews.* 2010;34(5):631-648.

Crone EA, Konijn EA. Media use and brain development during adolescence. *Nature Communications,* 2018;9(1):1-10.

Smith AR, Chein J, Steinberg L. Impact of socio-emotional context, brain development, and pubertal maturation on adolescent risk-taking. *Hormones and Behavior.* 2013;64(2):323-332.

Blakemore SJ. Imaging brain development: the adolescent brain. *Neuroimage.* 2012;61(2): 397-406.

Willoughby T, Good M, Adachi PJ, Hamza C, Tavernier R. Examining the link between adolescent brain development and risk taking from a social-developmental perspective (reprinted). *Brain and cognition.* 2014;89:70-78.

Choudhury S, McKinney KA. Digital Media, the Digital media, the developing brain and the interpretive plasticity of neuroplasticity. *Transcultural Psychiatry*, 2013;50(2):192–215.

Blakemore SJ, Choudhury S. Development of the adolescent brain: implications for executive function and social cognition. *Journal of Child Psychology and Psychiatry*. 2006;47(3..4):296–312.

Konrad K, Firk C, Uhlhaas PJ. Brain development during adolescence: neuroscientific insights into this developmental period. Deutsches Ärzteblatt International. 2013;110(25):425.

Del Piero LB, Saxbe DE, Margolin G. Basic emotion processing and the adolescent brain: Task demands, analytic approaches, and trajectories of changes. *Developmental Cognitive Neuroscience*. 2016;19:174–189.

Ferrara NC, Opendak M. Amygdala circuit transitions supporting developmentally-appropriate social behavior. *Neurobiology of Learning and Memory*. 2023;201:107762.

Schriber RA, Guyer AE. Adolescent neurobiological susceptibility to social context. *Dev Cogn Neurosci*. 2016;19:1–18.

Giedd JN. Adolescent Brain and the Natural Allure of Digital Media. *Dialogues in Clinical Neuroscience*. 2020;22(2):127–133.

Pfeifer JH, Blakemore SJ. Adolescent social cognitive and affective neuroscience: past, present, and future. *Social Cognitive and Affective Neuroscience*. 2012;7(1):1–10.

Telzer EH. Dopaminergic reward sensitivity can promote adolescent health: A new perspective on the mechanism of ventral striatum activation. *Developmental Cognitive Neuroscience*. 2016;17:57–67.

7장

Anderson, M, Jiang J. Social media and technology 2018. Pew Research Center; 2018.

Armitage R, Gambling among adolescents: an emerging public health problem. *The Lancet Publinc Health*. 2021;6(3);143.

Boer M, et al. Social media use intensity, social media use problems, and mental health among adolescents: Investigating directionality and mediating processes. *Computers in Human Behavior*. 2021;116;106645.

Chan TKH, Cheung CMK, Lee ZWY. Cyberbullying on social networking sites: A literature review and future research directions. *Information & Management*. 2021;58(2):103411.

Craig W, et al. Social media use and cyber-bullying: A cross-national analysis of young people in 42 countries. *Journal of Adolescent Health*. 2020;66(6s):S100 – S108.

Gambling Commision. Young People and Gambling 2024: Official statistics. *Gambling Commision*. 2024.

Kowalski RM, Giumetti GW, Schroeder AN, Lattanner MR. Bullying in the digital age: A critical review and meta-analysis of cyberbullying research among youth. *Psychological Bulletin*. 2014;140(4):1073.

Lanzillo EC, Zhang I, Jobes DA, Brausch AM. The influence of cyberbullying on nonsuicidal self-injury and suicidal thoughts and behavior in a psychiatric adolescent sample. *Archives of Suicide Research*. 2021.

Lorenzo-Dus N. *Digital Grooming: What It Is and How to Research It*. New York: Oxford University Press; 2023.

McHugh MC, Saperstein SL, Gold RS. OMG U #Cyberbully! an exploration of public discourse about cyberbullying on Twitter. *Health Education & Behavior*. 2019;46(1):97 – 105.

Müller CR, et al. Does media use lead to cyberbullying or vice versa? Testing longitudinal associations using a latent cross-lagged panel design. *Computers in Human Behavior*. 2018;81:93 – 101.

Nicholson J, Javed Y, Dixon M, Coventry L, Ajayi OD, Anderson P. Investigating Teenagers' Ability to Detect Phishing Messages. *2020 IEEE European Symposium on Security and Privacy Workshops* (EuroS&PW). Genoa; 2020.

Nicholoson J, et al. Investigating Teenagers' Ability to Detect Phishing Messages. *2020 IEEE European Symposium on Security and Privacy Workshops (EuroS&PW)*. 2020.

Peluchette JV, et al. Cyberbullying victimization: Do victims' personality and risky social network behaviors contribute to the problem? *Computers in Human Behavior*, 2015;52:424 – 435.

Selkie EM, Fales JL, Moreno MA. Cyberbullying prevalence among US middle and high school-aged adolescents: A systematic review and quality assessment. *Journal of Adolescent Health*, 2016;58(2):125 – 133.

Smith PK, Mahdavi J, Carvalho M, Tippett N. Cyberbullying: Its nature and impact in secondary school pupils. *Journal of Child Psychology and Psychiatry*, 2008;49(4);376-385.

Tokunaga RS. Following you home from school: A critical review and synthesis of research on cyberbullying victimization. *Computers in Human Behavior.* 2010;26(3);277-287.

Wolak J, Finkelhor D, Mitchell K. Internet-initiated sex crimes against minors: Implications for prevention based on findings from a national study. *Journal of Adolescent Health.* 2004;35(5);424.e11-424.e20.

Wright MF, Schiamberg LB, Wachs S, et al. The influence of sex and culture on the longitudinal associations of peer attachment, social preference goals, and adolescents' cyberbullying involvement: An ecological perspective. *School Mental Health.* 2021.

Yip SW, et al. Health/Functioning Characteristics, Gambling Behaviors, and Gambling-Related Motivations in Adolescents Stratified by Gambling Problem Severity: Findings from a High School Survey. *The American Journal on Addictions.* 2011;20(6);495-508.

Zhu C, et al. Cyberbullying among adolescents and children: A comprehensive review of the global situation, risk factors, and preventive measures. *Frontiers in Public Health.* 2021;9;634909.

8장

한국언론진흥재단, 「2023 어린이 미디어 이용 조사」, 2023

이정원·박원순·엄지원, 「영유아의 미디어 이용 적정화를 위한 정책 방안 연구」, 육아정책연구소, 2021

한국언론진흥재단, 「2022년 10대 청소년 미디어 이용조사」, 2022

김윤화, 「아동·청소년의 미디어 이용행태와 미디어 이용 제한」, 정보통신정책연구원, 2024

김지경·송현주·김균희·정윤미, 「2022년 청소년 매체이용 및 유해환경 실태조사」, 한국청소년정책연구원, 2022

서보강·문종원·이동훈, 「한국 청소년의 인터넷과 스마트폰의 이용에 따른 주관적 안건강」, 대한안과학회지, 2023

배상률·이창호, 「청소년 미디어 이용 실태 및 대상별 정책대응방안 연구 II: 10대 청소년」, 한국청소년정책연구원, 2021

한국지능정보사회진흥원, 「2023 스마트폰 과의존 실태조사」, 2024

Rideout V, Peebles A, Mann S, Robb MB. The Common Sense Census: Media Use by Tweens and Teens. Common Sense; 2021.

Anderson M, Faverio M, Park E. How Teens and Parents Approach Screen Time. Pew Research Center; 2024.

Boniel-Nissim, Meyran, Marino, Claudia, Galeotti, Tommaso, Blinka, Lukas, Ozoli a, Kristine, et al. A focus on adolescent social media use and gaming in Europe, central Asia and Canada: Health Behaviour in School-aged Children international report from the 2021/2022 survey. World Health Organization; 2024.

Montag C, Demetrovics Z, Elhai JD, Grant D, Koning I, Rumpf HJ, M Spada M, Throuvala M, van den Eijnden R. Problematic social media use in childhood and adolescence. Addict Behav. 2024.

John DR. Consumer socialization of children: a retrospective look at twenty-five years of research. *J Consum Res.* 1999; 26(3):183 – 213.

Livingstone S, Stoilova M, Nandagiri R. Children's Data and Privacy Online: Growing up in a Digital Age. *An Evidence Review.* London: London School of Economics and Political Science; 2019

Meyer M, Adkins V, Yuan N, Weeks HM, Chang YJ, Radesky J. Advertising in young children's apps: a content analysis. *J Dev Behav Pediatr.* 2019;40(1):32 – 39.

Pearson N, Biddle SJ. Sedentary behavior and dietary intake in children, adolescents, and adults. A systematic review. *Am J Prev Med.* 2011;41(2):178 – 188.

Bragg MA, Miller AN, Elizee J, Dighe S, Elbel BD. Popular music celebrity endorsements in ood and nonalcoholic beverage marketing. *Pediatrics.* 2016;138(1):e20153977.

Radesky J, Chassiakos YLR, Ameenuddin N, Navsaria D, COUNCIL ON COMMUNICATION AND MEDIA. Digital Advertising to Children. *Pediatrics.* 2020 Jul;146(1):e20201681.

Council On Communications and Media. Media Use in School-Aged Children and Adolescents. *Pediatrics.* 2016 Nov;138(5):e20162592.

중독되는 아이들

초판인쇄 2025년 4월 24일
초판발행 2025년 5월 1일

지은이 송지혜 박소영 김은주 박성열 김희연 홍지선 박민현 이태엽
기획 대한소아청소년정신의학회
펴낸이 강성민
편집장 이은혜
편집 태서현
마케팅 정민호 박치우 한민아 이민경 박진희 황승현 김경언
브랜딩 함유지 박민재 이송이 김희숙 박다솔 조다현 김하연 이준희
제작 강신은 김동욱 이순호

펴낸곳 (주)글항아리 | 출판등록 2009년 1월 19일 제406-2009-000002호

주소 경기도 파주시 문발로 214-12 4층
전자우편 bookpot@hanmail.net
전화번호 031-955-8869(마케팅) 031-941-5161(편집부)

ISBN 979-11-6909-385-9 03180

잘못된 책은 구입하신 서점에서 교환해드립니다.
기타 교환 문의 031-955-2661, 3580

www.geulhangari.com